システマ・ボディワーク

# SYSTEMA BODY WORK

自然で快適に動き、
【本来の力】を最大に発揮する!

公認システマインストラクター
北川貴英

BABジャパン

# はじめに

「健康な戦士は不健康な戦士を凌駕する」

これは「システマ」の基本的な考え方です。

ここで使われている「戦士」という言葉を「スポーツマン」や「ビジネスパーソン」「主婦」などに置き換えてみるとどうでしょう。どんな立場の人にも共通することがわかるはずです。

身体と精神が健やかであること。それは人生のあらゆる局面において、大きなアドバンテージとなるのです。だからこそミカエルはこう語ります。

「もし健康になれたならば、多くの問題がありふれたつまらないことに感じられるでしょう」

システマは、ロシア軍特殊部隊の将校、ミカエル・リャブコが創始した軍隊武術で

## はじめに
SYSTEMA BODYWORK

ヴラディミア・ヴァシリエフ
（ミカエル・リャブコの高弟）

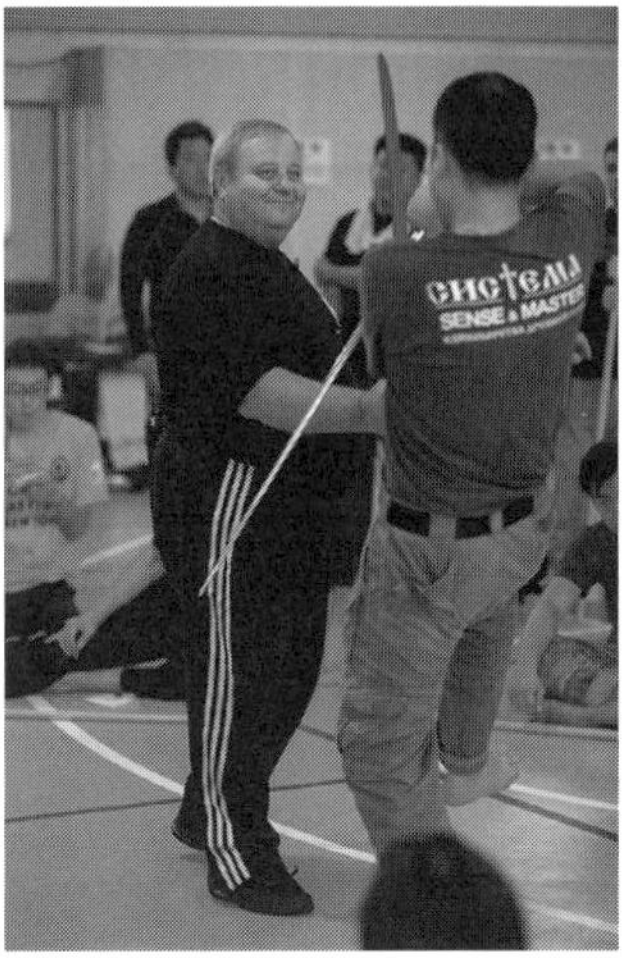

ミカエル・リャブコ（システマ創始者）

す。１９９３年、ミカエルの高弟であるヴラディミア・ヴァシリエフがトロントにロシア国外初となるスクールを開校したのを機に、世界各国に爆発的な勢いで広まりました。

まず初めに興味を持ったのは、武道愛好家やセキュリティ関係者達です。エポックメイキングで効果的な護身術として注目されたのです。

ですがシステマの全貌が明らかになるにつれ、システマに対する認識が少しずつ変化してきました。システマが「闘い」という局面を超え、人生全般の力となる巨大なシステムであることが理解されるようになってきたのです。

本書は、そんなシステマを「ボディワーク」という側面から紹介しています。私たちが生まれ持つ身体に本来の健やかさを取り戻し、最大限のパフォーマンスを発揮するために構築された方法論です。ですからナイフへの対処法やパンチの打ち方といったいわゆる軍隊格闘術らしい技術は一切登場しません。

しかし、この上なく実戦的です。なぜなら冒頭にも述べた通り、健康な戦士は不健康な戦士を凌駕します。あらゆる技術はそれを下支えする身体を整えることによって、威力を発揮するからです。

本書は何らかの形で身体について関心がある人を視野に入れて書かれているため、一部の人にとっては少し難しく感じられるかもしれません。でもそれは詳しく説明する都合上、少し専門的な用語が使われ、やや難解な表現になってしまっているからに過ぎません。言わんとしていることは極めてシンプルです。どうしたら心身を今以上に整えることができるのか。目的はその一点でしかないのです。

もし理論が分からなくても、まずは気になったワークを一つでも選んで実際にやってみてください。読むだけでは分からなかったことも、体験すれば少しは理解が進むはずです。正しさにこだわり、間違いを恐れることもありません。ほんの少しでも身体や心が快適になったか。その実感こそが、最も確かな目安なのです。

この世に完全な健康体の人は存在しません。なぜなら私たちは生を受けた日から1日たりとも休むことなく身体を使い、少しずつ強張りを蓄積し続けているからです。それは同時に、誰もがさらに健康になる余地を秘めているということを意味します。つまり今よりずっと強く、快適に生きていける可能性を備えているのです。その意味において、システマは全ての人に恩恵をもたらすことができるといえるでしょう。

この本に記されたシステマの知恵が、今の自分を脱却し、理想の実現へと歩もうとする全ての人の助けとなることを願ってやみません。

# Contents

Contents
SYSTEMA BODYWORK

# 第1章 ニュートラル

SYSTEMA BODYWORK

## 「ニュートラル」を取り戻す

「システマというのは、古代から今に至るまで実生活のいろいろな場面からいろいろな知識を集めて凝縮しています。ですから現代社会でもパソコンをやっている方、音楽家、スポーツ選手でも、みんなに共通で必要なものなのです」

システマの創始者、ミカエル・リャブコはそう語ります。

システマは武道愛好家を中心にマーシャルアーツとして知られるようになりました。しかし、ミカエルの言葉通り、システマとは人生のあらゆる局面において活用できるものなのです。

スキルであったり道具であったり、困難を打開するために何らかの助けが必要なこともあるでしょう。でもそれが万全なことなどごく稀で、不十分な状況で何とかやり繰りして切り抜けることがほとんどではないでしょうか。

システマとは、用いる者に何かを付け足すものではありません。その代わりに、その人自身の力を引き出すようにします。なぜなら、どれだけ恵まれた環境であっても、用いる人の状態が良くなければ結果を出すことができないからです。

システマで養うもの。これを一言で言うならば「健康」です。

心身ともに健康な戦士と不健康な戦士が戦えば、健康な戦士の方がずっと有利でしょう。だからこそ、健康的な状態に整えられた自らの身体、精神、頭脳こそが、最大の武器となるのです。

でもそもそも「健康」とは何なのでしょうか？

もし何にも病気を患っていない状態が健康であれば、多くの人にとってシステマは無用なはずです。しかし、自分の身を振り返ってみてください。「常に自分の力を十二分に発揮できている」と断言できるでしょうか。そう言い切れる人は極めて稀でしょう。

つまり誰もが自らの内に不健康さを抱えています。それは同時に、さらに健康になる余地があると自覚していることを意味するのです。

# 「健康的な状態」とは？

システマはサバイブ、つまり生き延びることを目的として作られたシステムです。ですから、健康とはより確実なサバイブを実現する条件ということになります。その対極にあるのが「死」です。つまり今より健康になるのは「生」をより確かなものにすることであり、逆に不健康さとは死へと近づくことを意味します。

では「生」と「死」は何が違うのでしょうか？

このことについて、あるシステママスターは極めて端的に伝えています。

「生きているとは動いているということ。止まるのは死を意味する」

言うまでもなく生者の身体では心臓がリズミカルに脈打ち、絶え間のない呼吸が行われています。触れれば温かく、顔には豊かな表情がみられ、手足も活発に動くことでしょう。臓器も割り当てられた役割を果たし、血液が流れ、全身の細胞では新陳代謝が行われています。

これに対して死者の身体は拍動も呼吸もなく、手足、表情の動きもありません。筋肉が停止すれば身体も冷え、血液の循環も新陳代謝も停止し、しんと静まりかえっているでしょう。

つまり生者と死者の違いは「動き」にあります。生者は動き、死者は止まっているのです。体温もまた筋肉の動きによって生み出される分子の振動であるため、動きに含めることができるでしょう。

ですから死にゆくこととは止まりゆくことである一方、より健やかになるのは失った動きを取り戻すことを意味するのです。すると健康のためにやるべきことが見えてきます。動かなくなってしまった身体を、再び動くようにしていくのです。

## 本来の動きを〝発掘〟する

私たちは一日生きる度に、一日分死んでいきます。ですから私たちは全て、生と死の間にある身体とともにあります。

死者の身体と最も遠いところにあるのが、産まれたての赤ちゃんの身体です。赤ちゃんは自由に四肢を動かし、感情も表情もクルクル変化するでしょう。新陳代謝も活発に行われ、どこをとっても円滑に活動をしています。

こうした身体は時に恐るべき威力を発揮します。小さな子供に不意に手を引かれた大人が、あまりの力に思わずつんのめってしまうことがあります。またある武道の達人は、抱っこしていた赤ん坊がメガネをひったくるのをどうしても避けられなかったそうです。

赤ちゃんの身体には大人のような滞りがありません。そのため全身が自然本来の調和を保ったままままんべんなく動き、こうしたことが起こるのです。

つまり健康な身体は、ただ快適なだけではありません。身体能力もまた最大限に発揮されるのです。だからこそシステマでは、健康な身体をサバイブする上での重要な要素としているのです。

しかしここで忘れてはならないことがあります。それは、誰もがかつて赤ちゃんだったということ。ですからやるべきことは赤ちゃんの動作を分析し、それを模倣した新たな動きを身につけることではありません。そんなことをせずとも、私たちの身体は本来高い能力を秘めているのです。ただそれが封じられ、奥底に埋もれてしまっているのです。

そうすると、やるべきことが見えてきます。人生を通じて積み重なった地層の下に潜む、本来の動きを発掘するのです。誰もが本来、自由闊達にのびのびと動く身体を備えています。では何がそれを妨げてしまっているのか。それを見極めて、取り除いていくのです。

## ニュートラルな心身

システマのトレーニングで目指す、快適でなおかつ心身ともに自由闊達に動く状態。これを一言で言うならば「ニュートラル」です。

この言葉には大きく二つの意味が含まれています。一つは「バランスの取れた偏りのない状態」。そしてもう一つは「本来あるべき自然な状態」です。身体において、これら二つが別個に存在することはありません。健やかな状態であれば、自ずと両立するものなのです。つまり、バランスと自然とは一つのものなのです。

これを姿勢に当てはめて考えてみると、バランスの取れた姿勢＝自然な姿勢ということになります。この時、前後左右いずれの方向にも偏ることなく、それらのちょうど真ん中でバランスが取れていることになります。

バランスが崩れれば身体が歪み、強張りが生まれます。すると構造的な強度や動きやすさといった、サバイブをより確実にする要素がごっそりと失われてしまうことでしょう。つまりバランスが崩れ、不自然な状態になれば、サバイブするための力が大幅に低下してしまうのです。

呼吸もまた同様です。深過ぎでも浅過ぎでもないちょうど良い深さが、バランスの取れた自然な深さと言えます。

精神的な緊張で浅い呼吸が続いたり、あるいは深い呼吸が良いからとそればかり意識したとしても、バランスが崩れて不自然な呼吸になってしまいます。それでは呼吸をする度に身体に負担がかかり、不調の原因になってしまうこともあるでしょう。

血圧や心拍数、その他の医学的に計測される数値も、高過ぎでも低過ぎでもないちょうどいい範囲が、正常値とされています。つまり過剰と過少の間にある適度な領域にこそ、最も健やかで力強い状態が存在しているのです。

創始者ミカエル・リャブコは次のように語っています。

「通常の体温や脈拍はいわば宇宙の摂理です。あえてそれを高めたとしても長続きはしません。システマの特徴は、この通常の状態が持つ力を使うという点にあります」

ニュートラルな身体の極めて大きな強みは、その持続性にあります。

通常の心拍数、通常の精神状態であれば、どれだけ維持しても基本的に疲れることはありません。心拍数を上げたり、精神的なテンションを上げたりした特殊な状態に比べたら、比べ物にならないほどの長い時間、維持することができるでしょう。

さらに回復時間も最低限で済ませることができます。心臓や筋肉などに負荷をかけたら、しばらくの間パフォーマンスは平常時よりも大幅に低下し、元通りのパフォーマンスを発揮するには、長い休養期間が必要となるでしょう。

ニュートラルな状態は、言ってみれば何の変哲もない普通の状態です。ですから超人志向のある人からしたら、物足りなく思えるかもしれません。

しかしニュートラルな身体には、動きやすさ、構造的な強度、そして持久力の全てが備わっています。その上、臓器や神経系など身体の各領域が円滑に働き、新陳代謝も十分に行われるため、病気の予防にも適しているのです。だからこそ人生のあらゆる局面を生き延びる「サバイブ」に不可欠なのです。

ミカエルは次のように教えています。

「私たちにとって最も重要なことは、自分の体を感じ取れるように、そしてどの部分が締め付けられているのかを理解できるようにトレーニングすることなのです」

次の章からは「呼吸」や「姿勢」など、いくつかの側面からシステマトレーニングの原理やその方法について紹介していきます。それらは全て、自分を歪め、束縛しているものを見つけ、取り除いていくためのものです。ですからシステマ独自の特殊な身体技法を新たに身につけるのではありません。それでは、システマと似て非なる不自然な動きによって、自らを束縛してしまう結果になりかねないのです。

どれだけ優れた技法であれ、人が生まれ持つ能力に勝るものはありません。それを引き出すのがシステマであり、それに代わる何ものかを身体に押し付けるものではないのです。

## ニュートラルな姿勢を体験しよう

バランスの取れたニュートラルな姿勢を体験します。

1. 力を抜いて立ちます。
2. わずかに身体を前に傾けます。すると重心が前に移動し、つま先を地面に食い込ませるような緊張が生まれるでしょう（次頁写真1）。
3. 身体を後ろに傾けます。やはりバランスを保持しようと身体が強張るでしょう（写真2）。

4．同様に左右に傾けてみましょう。やはり身体に緊張が生じるはずです。それぞれ足の裏を感じてみると、姿勢が偏った方向に体重が集中するのがわかるでしょう（写真3、4）。

写真1

写真2

写真3

写真4

5. 前後左右の偏りが一切ない、バランスの取れた一点を探します。この時、姿勢の崩れも身体の緊張も最低限になるでしょう。これがニュートラルな姿勢です。

・検証

両肩に一人ずつぶら下がるようにして体重をかけてもらいましょう。ニュートラルな状態であれば楽に支えられるばかりか、足も自由に動かせるはずです。また、わずかに姿勢を崩して同じことを試してみるのも良いでしょう。すると強度も動きやすさも格段に低下しているのがわかるはずです。

## ニュートラルを知るエクササイズ

システマのトレーニングでは、次の4つのエクササイズが多用されます。本書ではそれぞれの章のテーマに沿ったやり方で、これら4つのエクササイズをやっていきます。

## ●プッシュアップ

拳を用いた腕立て伏せです（写真5、6）。

拳を柔らかく握って拳全体で床につき、腕立て伏せをします。拳が痛い場合は手のひらをついても構いませんが、なるべく拳を用いるようにします。手のひらでのプッシュアップは手首に負担がかかるためです。これは腕、肩、胸などのリラックスを目的にしています。

## ●スクワット

立ったりしゃがんだりするエクササ

写真5

写真6

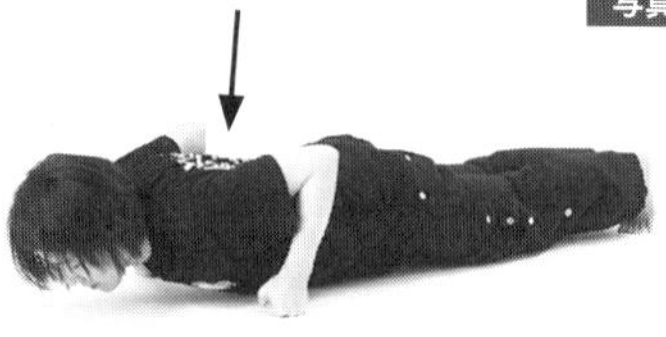

イズです（写真7、8）。

前傾姿勢になっても構いませんが、背骨が曲がらないように注意します。また踵が浮かないように気をつけてください。どうしても踵が浮いてしまう場合は、鼠蹊部や足首が曲がりにくくなっていることが多いようです。

## ●シットアップ

仰向けに寝て上半身を起こすエクササイズです（写真9、10）。

腹筋運動に似ていますが、腹直筋の収縮によって上半身を曲げる運動ではありません。鼠蹊部を折ることで上体全体を起こすようにします。上半身の

写真7

写真8

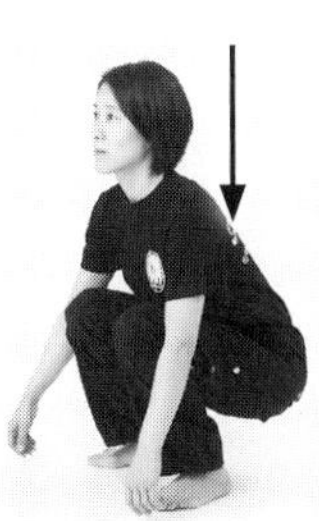

写真9

写真10

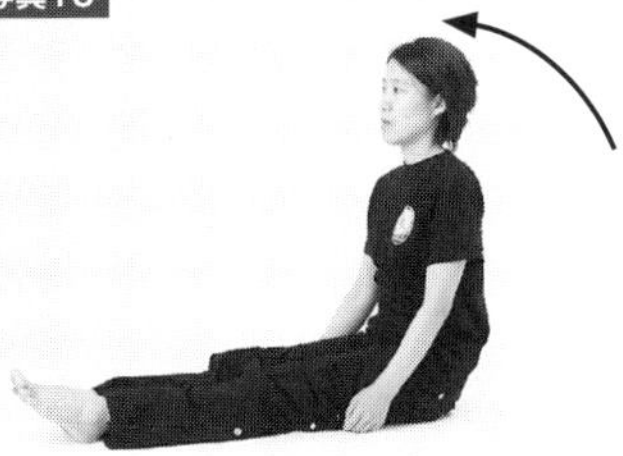

姿勢をより安定したものにするのに役立ちます。

## ●レッグレイズ

頭越しに足を上げるエクササイズです（写真11～13）。

背骨と内臓のリラックスに適しています。頭の上まで足が届かない場合は、途中までで構いません。

以上の４つのエクササイズのうち、この章で取り上げるのは、プッシュアップとスクワットの２つです。まずはプッシュアップを用いて、ニュートラルを体験していきましょ

写真11

写真12

写真13

写真14

写真15

う。

1. 両拳を限界まで広げてプッシュアップします（写真14）。
2. 両拳をつけてプッシュアップします（写真15）。
3. これらの中間にある、最も快適な幅を探してプッシュアップします（写真16）。
4. 拳を限界まで内側にひねってプッシュアップします（写真17）。
5. 拳を逆方向に限界までひねってプッシュアップします（写真18）。

写真16

写真17

写真18

写真19

6. その中間にある最も快適にプッシュアップできる角度を見つけてプッシュアップをします（写真19）。

スクワットも同様です。

1. 足を限界まで広げてスクワットします（写真20）。
2. 足をぴったり閉じてスクワットします（写真21）。
3. そのおよそ中間にある、最も快適にスクワットができる足幅を探します（写真22）。

写真20

写真22

写真21

写真23

4. 足を限界まで内側にひねってスクワットします（写真23）。
5. 足を限界まで外側にひねってスクワットします（写真24）。
6. 二つの中間にある、適度な角度を探します（写真25）。

写真24

写真25

腰を最も低い位置に楽に下げられる足の置き方を探してみてください。

こうして自分で見出したのが、その人にとってニュートラルなプッシュアップであり、スクワットです。最も快適で動きやすい状態が、過剰と過剰のだいたい中間にあることが実感できることでしょう。

システマでは基本的に、細かな角度や位置を指示することはありません。それは身体との対話によって自ら見出したやり方が最も有効だと考えるためです。

# 第2章 ブリージング

## まずは呼吸を止めないこと

「私が最も大切だと考えているまず第一のことは、呼吸法の実践です」

「修道院では（システマで使われているのと同じ）呼吸法に日々の祈りと労働を結びつけました。そのため修道僧は非常に精神性の高い境地へ到達することができたのです」

「呼吸をすることは生きることで、神から与えられた命＝呼吸なのです」

システマ創始者であるミカエル・リャブコは、呼吸の重要性を繰り返し強調しています。実際のトレーニングにおいても、システマ独自の呼吸法「ブリージング」は、不可欠な要素となっています。

基本的なやり方は極めてシンプルです。

1. 鼻から軽く吸って（写真1）、
2. 口を軽くすぼめてフーッと吐く（写真2）。

ポイントはバースデーケーキを吹き消すようなつもりで、フーッと音が出るくらいの強さで息を吐くこと。これだけです。

いつでも、誰にでも役立てられるようにするため、極限まで無駄を切り捨てなくてはいけません。その結果が、このあっけないほど簡単な呼吸法なのです。

これがうまくできているかどうかを見極めるのも簡単です。

ブリージングとは心身を楽にするためのものです。だからほんの少しでも身体的、あるいは精神的に楽になれば、うまくいったこと

写真1

写真2

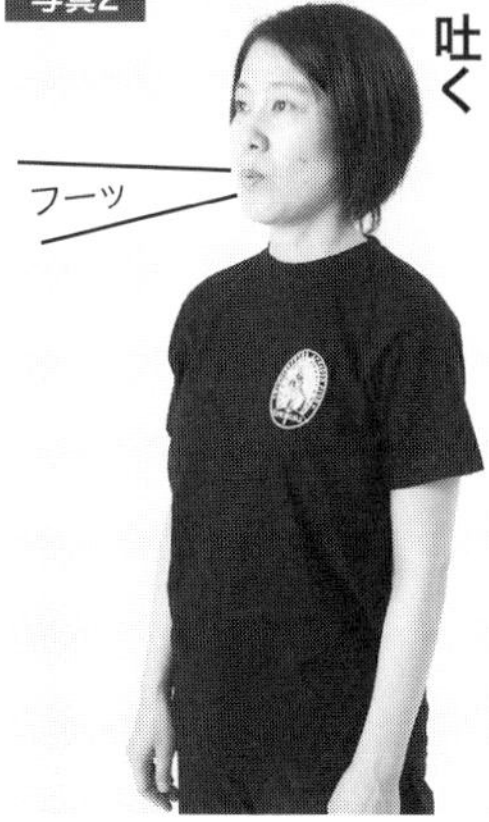

になります。

大切なのは、どう呼吸をするかということよりも、まず呼吸が行われているということです。いくら工夫を凝らしたとしても、肝心な時に止まってしまっては意味がありません。だから、まずは呼吸をするようにします。そう心がければ、普段の生活でどれだけ息を止めたり、詰まらせたりしてしまっているかがわかるでしょう。日常生活をより健やかに過ごすのであれば、これだけでも充分、変化が実感できるはずです。しかし本書では、もう少し掘り下げたいと思います。呼吸への理解を深めることで、さらに質の高いブリージングをできるようにしていきます。

## 呼吸の力

ブリージングに限らず、身体能力を高めるには頭と身体の両方での理解が必要です。特に「身体で覚える式」でフィジカルエクササイズだけにフォーカスすると、ある時頭打ちになってしまうことがあります。それは理解の追いついていない頭が身体を拘束してしまうからです。第一線のトップアスリート達がトレーニング理論に精通しているのも、こうしたことを熟知しているからでしょう。

ですからブリージングを向上させるには、やはり呼吸についての基礎知識を踏まえておく必要があります。まず呼吸は、三つのフェーズで分けることができます。それは「吸う」「吐く」(図1)と「止める」です。それぞれの特徴と役割は次の通りです。

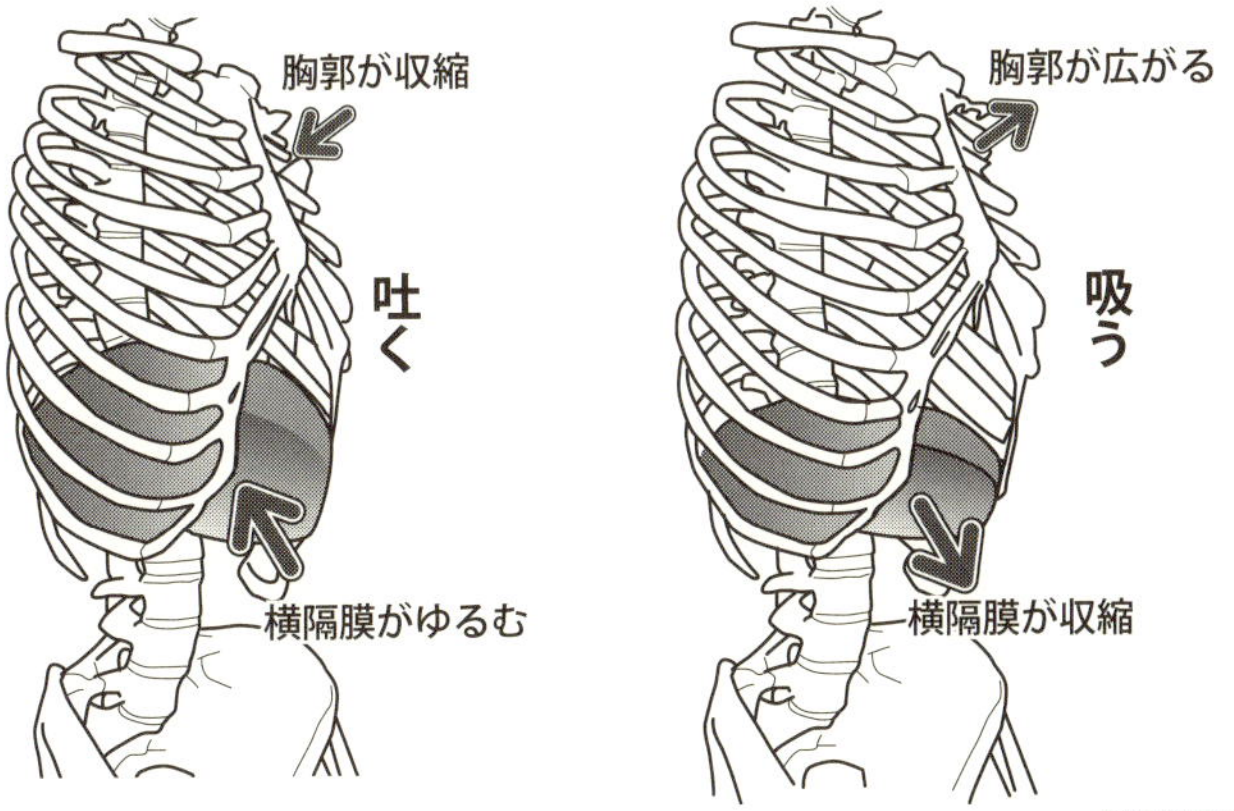


図1

## ●吸う

横隔膜が緊張することで下がり、肋骨が広がって胸郭の容積が拡大します。それによって胸腔内の圧力が低下し、外部からは空気が、体内においては血液などの体液が胸腔の中へと引き込まれます。

この時、自律神経はわずかに交感神経優位となり、筋肉に張りが生まれます。体感的には身体が軽くなるのが感じられることでしょう。つまり全身が活性化し、行動に適した状態になります。

吸う時に身体が緊張する性質を用いて、身体の奥に潜む強張りを表面化させるのにも使えます。

## ●吐く

横隔膜が上がり、肋骨が狭まって胸郭の容積が縮小します。それによって胸腔内の圧力が高まり、外部へは空気が、体内においては血液などの体液が胸腔の中から出て行きます。

この時、筋肉はゆるみ、自律神経は副交感神経側に寄ります。体感的には身体がズシリと重くなるのが感じられることでしょう。つまり全身が沈静化し、休息に適した状態になります。

古今東西の様々な呼吸法で吐く息が重視されるのも、緊張した心身を鎮めることができるためです。

## ●止める

横隔膜と肋骨が静止しています。ガス交換が行われず、呼吸による循環作用も起こりません。呼吸の停止はそれ自体が身体への大きな負荷となり、そのままでは長くとも数分から十分ほどで死に至ってしまうことでしょう。

システマでは、息を止めることで得られる負荷を活用したエクササイズやドリルが多数、存在します。

簡潔にまとめれば、吸う息は身体に張りをもたらし、吐く息は弛緩させます。そして止めれば心身に負担がかかります。そして息を吐けば吸いたくなり、吸えば再び吐く欲求が生じます。

こうしたことを踏まえれば、おのずと適切な呼吸もわかってきます。息を意識的に細く長く吐けば、身体が新しい酸素を求める欲求が高まります。そのタイミングで息を吸うからこそ、身体のすみずみにまで新鮮な空気を取り込むことができるのです。

## 深い呼吸、浅い呼吸

「吸う」「吐く」「止める」のうち、日常生活において重要なのは「吸う」と「吐く」の二つです。これらが滞りなく行われていれば、心身は円滑に機能することでしょう。理想的なのはこうした呼吸が全身でまんべんなく行われていることです。ですからシステマのブリージングでは下腹部など特定の部位を重視することはありません。エクササイズとしてそのような呼吸を行うこともありますが、目的はあくまでも呼吸を全身に行き渡らせる点にあります。

ですから「深い呼吸」という言葉についても、その意味合いは一般的に言われているものとは少しニュアンスが異なってきます。このことについてトロント本部の校長であるヴラディミア・ヴァシリエフはこのように話しています。

「深い呼吸とは、内臓や骨、その内部といった深部の組織にも行き届いているということ。でもそれは身体的なレベルの話なので、まだ表面的だ。精神などさらに奥にある領域にも届くような、深い呼吸をしなくてはいけない」

この言葉通り、心身ともに深い領域にまで及ぶのがシステマにおける深い呼吸です。ですから腹の底から呼吸をしていたとしても、システマでいう深い呼吸ではない場合もあります。

その一方で、傍目にはほとんど呼吸をしているように見えなくても、深い呼吸が行われている場合もあります。実際にブリージングに熟達した人達は、ほんのわずかな呼吸でも深くリラックスすることができるものです。

ブリージングは、パイプに水を流し込んで詰まりを押し流すのに似ています。ですからリラックスし、詰まりがなくなれば表面上は小さな呼吸でも、奥底に染み通る深い呼吸になるのです。

では、深い呼吸をするためにはどうしたら良いのでしょう。ここで思い出しておきたいのが、「ニュートラルに戻る」という発想です。つまり、全く新たな呼吸を身につけるのでなく、かつて行っていた深い呼吸を、取り戻していくのです。ですから深い呼吸を妨げている要因を突き止め、取り除いていくことになります。

## 「浅い呼吸」で起こっていること

それでは、何が深い呼吸を妨げているのでしょうか。

呼吸を担う器官は肺です。ですから何かが肺の働きを妨げていることになります。肺は風船のようなものなので、自力で呼吸することができません。肺を収める肋骨や横隔膜が充分に運動することによって初めて、肺が酸素を取り込み、二酸化炭素を排出することが可能となります。

中でも特に重要なのは、横隔膜の働きです。横隔膜とは胸部と腹部を仕切るように体内に存在する分厚い層状の筋肉です。息を吸う時にはこれが緊張し、吐く時には弛緩することで上下動し、呼吸に必要な胸腔の圧力の変化を生み出しています。この横隔膜がスムーズに動くためには、その下にある腹部が柔らかな状態に保たれている必要があります。

　腹部の構造は、腹横筋、腹斜筋、腹直筋などからなる腹壁（図2）と骨盤底筋群でできた筋肉のバケツに水を入れて内臓を浮かべたようなものと思えば良いでしょう（次頁図3）。

　横隔膜はその上に乗ったフタのようなものです。息を吸う時にはこれが下がってくるため、腹腔内の内臓を押し下げるような圧力が加わります。この時、筋肉のバケツがゆるんでいればクッションのように圧力が分散されて、横隔膜の動きが妨げられることもありません。しかし腹部の筋肉や内

図2

〈背中側〉

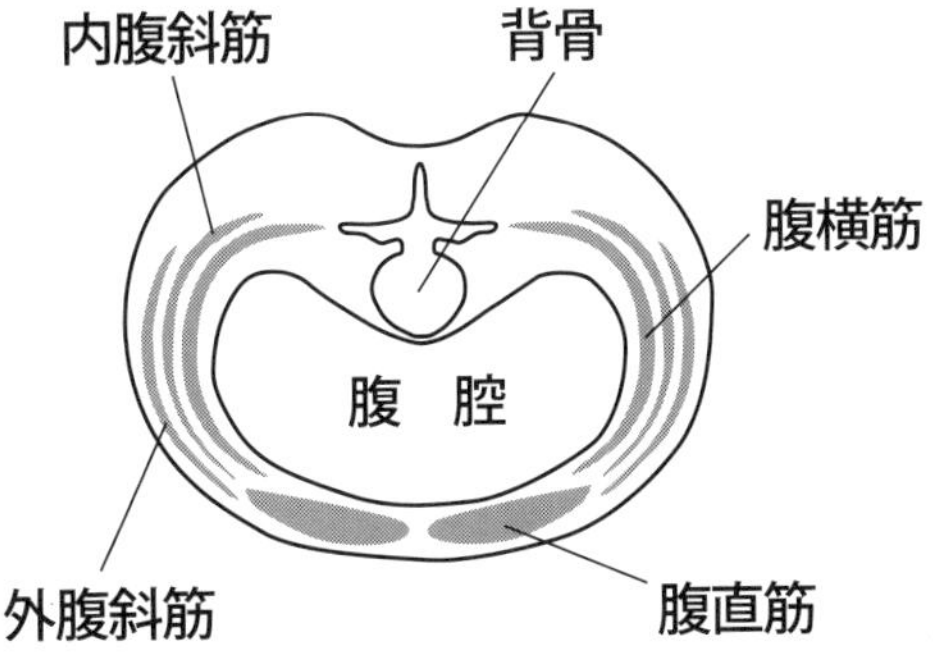


〈腹部側〉

図3

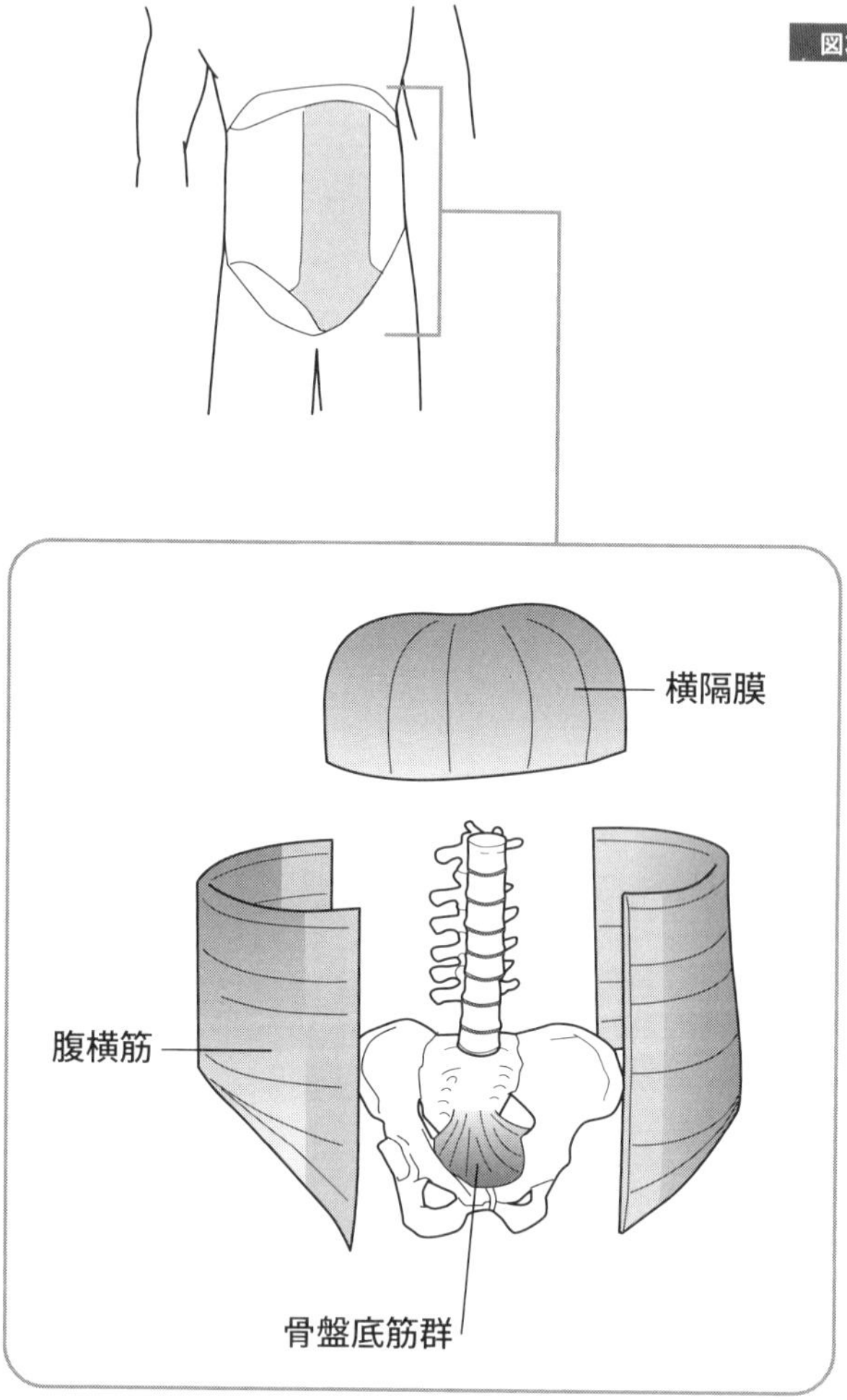

部に何らかの強張りがあれば圧力がうまく分散されず、横隔膜の動きが妨げられることになります。つまり呼吸がしにくくなるのです。

例えば臨月の妊婦さんは、ちょっとした動作や階段の昇り降りで息切れや動悸がするようになります。それは妊娠による急激な体重増も一因ですが、それ以上に大きいのは拡大した子宮が周囲を圧迫し、横隔膜の動きを妨げてしまうことです。男性でも食べ過ぎで息苦しくなることがあるでしょう。それもまた膨れ上がった胃袋が横隔膜の動きをブロックしているためです。

つまり横隔膜がスムーズな上下動を行うためには、その下部にあたる腹部が柔らかく、流動的な状態である必要があるのです。

こうして呼吸が妨げられるようになると、身体は十分な呼吸を確保するために呼吸には本来必要ないはずの筋肉を動員するようになります。つまり呼吸をするためにさらなる労力が必要となってしまうのです。

例えば大きく息を吸った時に肩を怒らせ、顔が上を向くほど首をのけ反らせてしまう人がいます。こういう人は腹部に強張りがあり、横隔膜が下に下がらなくなってしまっていることが多々あります。下方向に稼げない分の容積を上の方で確保しようとして、肩を必要以上に持ち上げてしまうのです。

生命を維持するためには呼吸が不可欠です。ですから姿勢を歪め、身体を強張らしてでも、何とか呼吸を維持しようとするのです。

システマのブリージングでは、あえて「フーッ」と音を立てるように強く呼吸することが求められます。それは普段の呼吸が縮こまってしまっているためです。普段通りの呼吸では不十分だからこそ、あえて意識的に空気をたくさん出し入れするようにするのです。

## 呼吸を浅くする要因

このように、横隔膜と肋骨が自由に動くことで健やかな呼吸が確保されます。その動きを妨げれば呼吸は浅く、詰まったものになります。その主な要因は、筋肉の強張りです。感情やストレスに伴って一時的に生じたり、これまでの人生で蓄積されたりした強張りが、横隔膜と肋骨の動きをブロックしてしまっているのです。

試しに全身の筋肉に目一杯力を込めたまま、一切ゆるめることなく深呼吸をしてみてください。それが不可能なことはすぐに分かるはずです。

他にも肩や腹部など、体幹の一部を強張らせながらの深呼吸も同様です。やはり呼吸が詰まり、息苦しさを感じることでしょう。身体が力めば深い呼吸はできなくなります。

しかし身体は今、この時も少しずつ強張りを蓄積しています。なぜなら筋肉は使えば使うほど、ほんのわずかに緊張を残す性質があるからです。つまり、誰もが無自覚なまま、真綿で首を絞めるように自ら息苦しさを進行させてしまっているのです。

この問題が顕著になるのが、身体的あるいは精神的な負荷がかかった時です。通常、肺はその10％ほどしか呼吸に用いられていません。多少呼吸が浅くなってもすぐに問題にならないのは、肺にたっぷりと余力が残されているためです。

しかし負荷がかかればより多くの酸素が必要となるため、余力を動員しなくてはいけません。そのためには、普段よりたくさん横隔膜と肋骨を動かす必要がありますが、筋肉の強張りによってこれがブロックされてしまうのです。するとせっかくの余力を活用することができず、酸欠状態になってしまうこともあるでしょう。

これでは大切な場面で力を発揮するどころか、逆に普段できるはずのことすらできなくなってしまうことになりかねません。だからこそ意識的なブリージングが必要となるのです。

## ブリージングの狙い

では、なぜストレスを乗り越える上でブリージングが有効なのでしょうか。その役割は、次のようにまとめることができます。

### ●ガス交換の促進

言うまでもなく呼吸の最大の役割は、空気中の酸素を取り入れて二酸化炭素を排出することにあります。本来、生命体にとって毒性を持つはずの酸素を、ミトコンドリアによって使えるようになったことが、今日における生命の爆発的な繁栄の要因であるとも言われています。

当然、私たち人類にとっても酸素は必要不可欠です。酸素がもたらす燃焼によってエネルギーを得なくては、筋肉、臓器、神経系など身体のあらゆるシステムが機能できません。特に負荷がかかるほど、たくさんの酸素を消耗するため、ブリージングによってたくさんの酸素を取り込み、組織に供給する必要が出てきます。

しかし、ただ酸素を取り込むだけでは、緊張は悪化してしまいます。なぜなら吸気には身体を緊張させる作用があるためです。だからこそ一旦フーッと息を吐き、その反動で自然に息が入るようにするのです。

## ●血液の循環

酸素は血液によって全身に届けられ、排出された二酸化炭素もまた血液によって回収されます。ですから血流が滞れば末端の組織に酸素が行き渡らず、なおかつ二酸化炭素が蓄積してしまうことになります。これを促進し、活発なガス交換を促すのもブリージングの役割の一つです。

血液の循環を担う主役は言うまでもなく心臓です。しかし動脈から末端の毛細血管を経て、静脈に再び集まった血液が再び心臓へと戻っていくには、心臓の力だけでは不十分です。特に二足歩行を行う人間の場合、身体の大部分が心臓より下にあります。そのため重力に逆らって心臓、肺へと血液を押し戻す必要があります。

その働きの一端を担うのが呼吸です。息を吸う際には胸腔の圧力が下がり、反対に吐く時には上がります。この圧力差がまるで水鉄砲のように働いて、血液の循環をサポートするのです。

システマではプッシュアップの姿勢を維持したり、ゆっくり動いたりなど、身体に継続的な負荷をかけるトレーニングを行うことがあります。この時にしばしば利用されるのが、小刻みにたくさん呼吸をする「バーストブリージング（詳細後述）」です。

負荷の中ではどうしてもある程度、筋肉の緊張が生じます。しかしそれによって血流が滞ってしまえば酸素とエネルギー源が急速に失われ、老廃物が排出されず、なおかつ新鮮な酸素とエネルギー源の供給が断たれてしまうという状況が生まれます。すると疲労感が一気に募り、負荷に耐えられなくなるという結果に繋がります。

つい歯を食いしばり、息を詰めてしまいそうな状況でも懸命にブリージングをするのは、負荷の中でも組織に酸素と栄養分を補給し、限界を先延ばしするためなのです。

## ●神経系の鎮静

ブリージングの影響は、神経系全般に及びます。特にシステマでは神経系の働きが重視されており、ミカエル・リャブコ等システママスター達も「システマのトレーニングは神経系に働きかける」と、しばしば口にしています。

末梢神経系には身体の動きや感覚を司る体性神経系と、生命維持のための働きを司る自律神経系の二系統があります。このうち特に呼吸との関わりが深いのは、自律神経の方です。心臓の鼓動、消化吸収、毛穴の開閉など自律神経による働きは基本的に自律的に行われ、本人の意識でコントロールすることができません。

その唯一の例外が、呼吸です。普段は自律神経の働きによって自律的に行われていながら、自らの意識でコントロールすることも可能です。こうした特殊な性質から、呼吸は身体が持つ無意識の働きと意識的な働きの両者をつなぐ架け橋のような役割を果たします。

例えば怒りや恐怖など、精神的な興奮状態になれば交感神経が優位となります。すると脈や呼吸が早まり、体温が上がり、胃腸の活動が低下したりなど、アクティブな行動に適した状態になります。

この時、意図的にゆっくりとした深い呼吸を行えば、徐々に交感神経が鎮まり、代わりに副交感神経が優位となります。これに伴い脈や体温、消化器系など身体各部のシステムもまた落ち着きを取り戻し、休息に適した状態へとシフトしていきます。

つまりブリージングは自律神経を介して、全身のあらゆるシステムに働きかけることができるのです。

## ●苦痛のコントロール

「呼吸を取り入れた練習を通して、中枢神経系が鍛えられます。そして人は働いたり活動したり意識的に行うようになります。意識を通じて筋力や精神面をトレーニングするようになり、ストレスが消えるのです。なぜならストレスを取り除く分析や活動ができているからです」――ミカエル・リャブコ

ブリージングは、神経系が制御するあらゆる領域に影響をもたらします。その一つ

として挙げられるのが、ストレス耐性の向上です。

その端的な例が「痛み」です。私たちが感じる痛みは、ファーストペインとセカンドペインの2種類に分類されます。例えば頭をゴツンとぶつけた瞬間に感じる鋭い痛みがファーストペイン。その後にじんわりと残って嫌な気分を引き起こすのがセカンドペインです。

ファーストペインは自分が危害を受けたことを感知し、速やかな回避行動を起こすために即座に脳に伝達される一方、セカンドペインはその出来事を教訓として学習するため、嫌悪感を伴うようになっています。

これら2種類の痛みに共通して言えるのは、筋肉の緊張によって増幅するということです。同程度の痛みであっても、筋肉の強張りによって必要以上の苦痛を感じてしまうのです。

そのためシステマでは、筋肉をゆるめることで痛みを緩和する練習を行います。ストライク（打撃）を受ける練習は、その最たるものと言えるでしょう。慣れない人は打たれる瞬間に恐怖心で身体を強張らせ、痛みを倍増させてしまいます。しかし慣れてリラックスして受けられるようになると、同程度のストレスであっても感じる苦痛は軽減するのです。

また呼吸を意識すれば痛みに集中せずに済み、心理的ストレスも軽減します。これもまたブリージングによって痛みが軽減する一因といえるでしょう。

## なぜ鼻から吸って口からフーッと吐くのか

システマのブリージングは、鼻から吸って口からフーッと吐きます。

しかし安静時の呼吸は鼻で吸って鼻で吐きますし、ヨガや各種の健康法などでもしばしば鼻呼吸が推奨されています。しかしなぜシステマのブリージングでは「口からフーッと」吐くのでしょう。それは何らかの負荷がかかっている状態で用いることが前提になっているためです。

負荷によって緊張が生じれば、通常より多くの酸素が必要になります。それに応じるために、鼻よりも大きな通気口である口を利用し、ガス交換の量を増やすのです。

この時、口から息を吸ってしまうのは得策ではありません。

まず一つ目の理由は、口から吸うことで身体をさらに緊張させてしまうということです。前述した通り、身体は息を吸う時にいくらか緊張します。口から一気に息を吸うことでその作用が急速に進行してしまうのです。何かに驚いてハッと息を飲むことがあるでしょう。口から息を吸うのは、その状況を自ら作り出してしまうのだと考えれば良いでしょう。

もう一つの理由は、吸うためにはまず吐かなくてはいけないということです。緊張して呼吸が浅くなっている時、身体は息を吸い過ぎた状態になっています。そのままではさらに吸うことができません。その極端な例が過呼吸状態です。だからこそまずフーッと息を吐き、その反動で空気を取り込むようにするのです。

また、軽く口をすぼめてフーッと音を立てるようにして吐くのにも理由があります。深く呼吸しているつもりでも、だいたい浅い呼吸になっています。なぜなら全身の筋肉には強張りが蓄積し、横隔膜や肋骨などの呼吸に必要な運動を妨げてしまっていいます。これが長い時間かけて徐々に進行することで、浅い呼吸を常態化させてしまうのです。ですから、あえて意図的に強く呼吸することで、強張ってしまった横隔膜や肋骨に本来の動きを取り戻していくのです。

また、ハーッではなくフーッと吐くのは、身体が弛緩し過ぎてしまうのを防ぐ目的があります。ハーッだと口を開けているため一気に呼気が漏れてしまい、身体がゆるみ過ぎ、姿勢を維持するだけの張りを保てなくなってしまいます（写真3）。

それでは身体の構造的な強度と動きやすさの両方が失われ、逆効果になりかねません。だからこそ口をすぼめてフーッと吐くことで、必要最低限の張りを残しつつ、身体をリラックスさせるのです。

写真3

## バーストブリージング

「バーストブリージングをしながらのプッシュアップやスクワットは、身体のあら

ゆる部位のスイッチを入れます。ダメージ回復やスタンバイの時に使うのに適している」――ミカエル・リャブコ

「バーストブリージングを過度にすることでテンションを作り出してはいけない」
――ヴラディミア・ヴァシリエフ

通常のブリージングでは回復が追いつかない負荷への対処には、「バーストブリージング」と呼ばれる呼吸法が用いられます。これは「フッフッフッフ！」と鋭いブリージングを小刻みに繰り返すことで、より積極的に全身へと呼吸の力を送り届けるものです。

これにより負荷を受けている組織に新鮮な酸素やエネルギー源を補給し、なおかつ振動によって負荷を全身に散らすことができます。

バーストブリージングを行う際、特に意識するのは吐く息の方です。息をフッと鋭く吐くと、その反動で必要な分だけ空気が入ってきます。そこで再びフッと吐けば、小刻みな呼吸が継続することになります。ただ、吐いた反動で吸う感覚が掴めないう

ちは、意識的に吸っても問題はありません。

いずれにせよ、ブリージングの目的は楽になることです。負荷が少しでも軽くなればうまくいっていることになりますし、かえって疲れてしまうようでは何かが間違ってしまっているということになります。

もし、バーストブリージングによって負担が増すことがあれば、余計な緊張を作ってしまっていることが考えられます。安静時の呼吸に用いられるのは、横隔膜と肋間筋です。その他の筋肉はなるべく休ませておかなくてはいけません。

ですが、無理に早く強い呼吸をしようとすると、本来不要なはずの筋肉を動員してしまうことになります。そのためにかえって負担が増してしまうのです。負荷を最小限にするには、身体が必要とする酸素を過不足なく摂取する必要があります。

負荷が強ければ身体はより多くの酸素を求めるようになりますし、軽ければそれほどでもないでしょう。つまり負荷の程度が変われば、必要な酸素の量も変わりますし、それにともなってバーストブリージングのテンポや強度も異なってきます。また一般的な傾向としては、熟練すればより小さなブリージングで負荷を乗り切れるようになっていきます。

このように、一口にバーストブリージングといっても、負荷の強さや種類、個人的な状況によって大きく異なってきます。そのため一概に呼吸のテンポや深さを決めることはできません。ですから、どんな呼吸が自分の身体に適しているか、さらに活性化させられるかという視点でバーストブリージングのテンポや強さを微調整していくことになります。

その一番の目安は、やはり心身が楽になったかどうかです。もっと効率良く楽になれる呼吸を模索することで、ブリージングの効果が高まっていくのです。

初めのうちはゆっくりとしたテンポで、身体への意識を切らさないように注意しながらバーストブリージングをしていくようにします（独習者は、1秒に1回くらいのゆっくりしたペースから始めても良いでしょう）。

単にバーストブリージングだけを練習するよりも、プッシュアップなどの負荷をかけたほうが効果が実感しやすいはずです。それには負荷がじわじわと継続するスタティックエクササイズやスローエクササイズが適しています。

# ブレスホールドエクササイズ

「呼吸を止めると身体に緊張が生まれてくる。それは格闘の時に緊張し始める部位と同じだ」——ヴラディミア・ヴァシリエフ

息が詰まれば心身に負荷がかかります。その負荷を活用するのがブレスホールドエクササイズです。息を止めながら何らかのエクササイズを行ったのち、ブリージングやバーストブリージングによって回復するという流れが一般的です。

呼吸を一時的に断てば、身体は切実に呼吸を求めるようになります。すると呼吸を再開した際には通常より勢いよくガス交換が行われるようになります。こうした作用を利用して、普段より深い呼吸を身体に促していくのです。

息の止め方には「吸いきって止める」「吐ききって止める」「軽く吸って止める」「軽く吐いて止める」の4種類があります。これらのうち最も負担が軽いのが「軽く息を

吐いて止める」やり方です。そのため体力がない人や初心者、あるいは体調が万全ではない人がブレスホールドエクササイズを行う際に用いられます。

また身体の活性化を図る時に用いられるのは、「息を吸いきって止める」方法です。これは息を吸うことで身体が活動に適した状態になるのを利用したもの。午前中の寝ぼけた身体を目覚めさせる時などに適していますが、夜にやると寝付きが悪くなってしまいます。

その逆が「息を吐ききって止める」やり方です。これは息を吐くと身体がリラックスする作用を用いた方法です。心身が鎮まるので午後や夜にトレーニングを行う時に推奨されます。

いずれも、自律神経とブリージングの働きに関係します。エクササイズそのものは全く同じでも、息の止め方を変えることで異なる効果を得ることができるのです。

## 恐怖心の呼び水として

恐怖心を知るトレーニングと言われるくらい、メンタルと密接な関わりがあるのが、ブレスホールドエクササイズです。息を止めている最中は、苦しさに伴って怒りや恐れ、あるいは自己憐憫など様々な感情がこみ上げてくるのが自覚できることでしょう。身体的にも様々な部位が緊張し始め、何とか苦痛を和らげようと身悶えしたくなったり、限界近くでは失禁しそうになることもあるほどです。

こうした変化は全て、恐怖に直面した時に心身に生じるものと共通しています。これを利用して擬似的な恐怖心を体験するのです。恐怖心が自分の心身にどんな変化をもたらすかを、ブレスホールドエクササイズによって予習しておけば、いざ実際に恐怖心に飲み込まれそうになっても多少は冷静でいられるでしょう。

また、息を止めつつも負荷を最小限に留めたり、速やかに回復したりするトレーニングはそのまま恐怖心への対処法になります。

ミカエルは「あらゆる緊張の根には『恐怖心』がある」と語っています。つまりブレスホールドエクササイズとは、緊張を根本から取り除いていくエクササイズとなるのです。

このエクササイズは神経系にも大きな影響を与えます。自律神経失調症に悩む人がこのエクササイズに取り組むことで、改善した例もいくつか報告されています。

しかし負担もまた大きいので、運動不足だったり疲れが溜まっていたりする時にやるとめまいを起こすこともあるようです。転倒による怪我を防止するためにも、クラッとしたらすぐにエクササイズを中断して仰向けに寝るようにしてください。

体調が思わしくなかったり、体力に自信がなかったりする場合は決して無理せず、息を軽く吐いて止める方法から始めて徐々に負荷を上げていくようにします。高血圧など循環器系の問題がある方は医師と相談のうえ、公認インストラクターによる指導のもとで練習したほうが良いでしょう。独習やインストラクターのいない自主グループなどで行う場合も、軽く吐いて止めるブレスホールドエクササイズを採用するようにしてください。それでも十分効果が実感できるはずです。

## ブリージングのエクササイズ

心身にわずかでも緊張感を感じたら、口からフーッと息を吐く。これがブリージングの基本です。しかし本書では、より積極的に呼吸の力を活用するため、呼吸を感じ取ることを重視していきます。

### ●ノーテンションブリージング

システマのブリージングでは、呼吸に用いられる筋肉も最低限で済ませるようにします。安静時に呼吸筋として用いられるのは、横隔膜と外肋間筋です。これ以外の筋肉が呼吸に動員されるのは、横隔膜と外肋間筋だけでは呼吸が困難になってしまっている時です。

しかし多くの場合、身体に強張りが蓄積することでごく軽度の呼吸困難状態となっているため、多くの筋肉が動員されてしまっているのです。

ここでは呼吸を妨げている緊張と、本来呼吸する上で不必要な緊張の二つをあぶり出し、解消していきます。

1. 仰向けに横たわります。
2. 身体をリラックスさせつつ、全身に呼吸を満たすように鼻から吸います（写真4）。
3. 全身をリラックスさせつつ、全身に満たした呼吸を吐き出すように、口からフーッと息を吐きます（写真5）。この呼吸を繰り返しつつ全身に意識を向け、呼吸にともなう緊張を見つけます。
4. 徐々に呼吸を小さくしていきます。身体に一切緊張が生じることなく、呼吸だけが行われている状態にしていきます。
5. 緊張がなくなったら、その状態を1

写真4

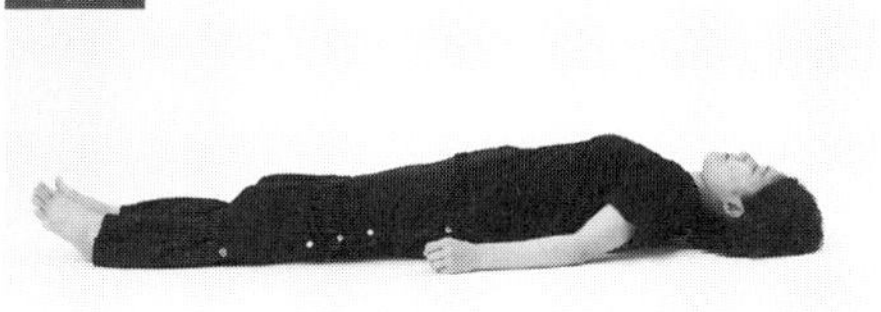

写真5

〜3分ほど味わいます。

このエクササイズでは、全身に呼吸が浸透した、システマ的な意味での「深い呼吸」を知ることができます。

## ●呼吸を解放するエクササイズ

これは強張りを解くことで、横隔膜と肋骨の動きを回復するエクササイズです。

1. 仰向けに寝ます。
2. 限界まで鼻から息を吸います。すると全身に緊張が生まれるのが感じられるでしょう。
3. 息を吸いきったまま、身体を揺すったりして筋肉をリラックスさせます（写真6）。
4. 筋肉がゆるんだ分、さらに吸えるようになりますので、

写真6

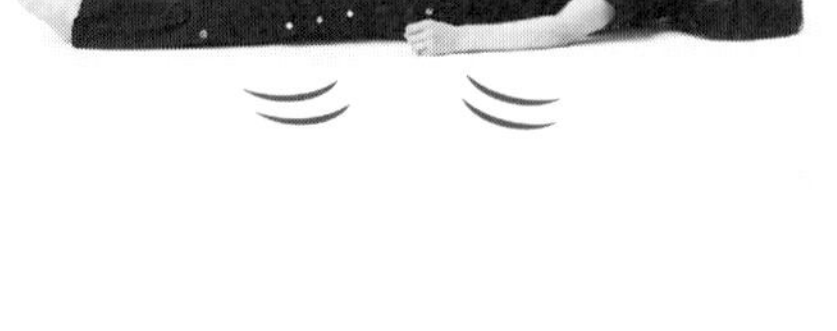

再び限界まで吸います。

5. 再び緊張が生じたらゆるめ、さらに吸っていきます。これを何度も繰り返します。

6. 限界に達したら、口からフーッと息を吐きつつ全身をゆるめます。ここまで一切、息を吐いてはいけません。

7. ブリージングによって乱れた息と脈拍を回復させます。

このエクササイズは、立ったままや歩きながらでも可能です。

ただし、一時的に血圧が上がるので、高血圧などの循環器系の問題を抱えている人は控えるか、軽めに済ませるようにしましょう。

また、顔は正面に向け、息を吸いながら首をのけぞらせないように注意します。息を吸う代わりに吐ききって、同様のエクササイズをすることもできます。

## ●バーストブリージング

バーストブリージングは、小刻みなブリージングをテンポ良く繰り返します。

でも、ただ闇雲に早くすれば良いわけではありません。一息ごとに呼吸の力が全身に行き渡るものである必要があります。

そうやって呼吸を繰り返していくと、内部の強張りが少しずつ減っていき、自然にテンポが早くなっていくのです。ですからまずは、全身に呼吸を伝えるエクササイズから試してみましょう。

## ●呼吸の振動を感じるエクササイズ

フッという鋭い呼吸をすると、それによって生まれた振動が体液、骨格、筋肉、皮膚などを通じて全身に伝わっています。これはその振動を使って全身に呼吸を行き渡らせるエクササイズです。

1. リラックスして立ちます。軽く身体を揺すったりして全身の力を抜いてください。
2. 鼻から目一杯息を吸った後、口から鋭く息を吐きます。すると瞬間的な呼吸によって生まれた振動が、全身にポンッと伝わるのが感じられるでしょう。もし分かりにくかったら、大きめに呼吸をして出し入れする空気の量を増やすようにしてみてください。感じ取ろうと意識を凝らし過ぎると、かえって呼吸が浅くなって振動を感じ取りにくくなります。

3. 振動が感じられたら、フッフッフッと1秒に1回くらいのペースで鋭い呼吸を繰り返します（写真7）。すると断続的に伝わる振動が感じられることでしょう。呼吸の振動を体内からのマッサージのように使って、強張った筋肉や骨、臓器などをリラックスさせていきます。循環が促進されることで、徐々に身体が温まることもあります。これがバーストブリージングの入り口になります。

写真7

## ●スロー&スタティックエクササイズ

「ブレスワークとともに行うスローエクササイズは、腱によく働きかけ、強く弾力に富んだ身体を作り上げます。それらによって疲労物質も除去されます。繊維組織にもまた独自のやり方で働きかけ、私たちに耐久力と爆発的なポテンシャルを与えてくれます」――ヴラディミア・ヴァシリエフバーストブリージングは、継続的な負荷への対処に適しています。その練習として適しているのは、ゆっくり動いたり静止したりするエクササイズです。こうしたスローエクササイズや、スタティックエクササイズはヴラディミアの言葉通り、心身に大きな恩恵をもたらしてくれます。

ここではプッシュアップ、スクワット、シットアップ、レッグレイズの4大エクササイズを用いたトレーニングを紹介します。

## ●スタティックエクササイズ

・プッシュアップ

第1章で紹介したプッシュアップの姿勢を維持しつつ、バーストブリージングをします（写真8）。短時間でより大きな負荷を得たい時は、肘を曲げた姿勢を維持しても良いでしょう（写真9）。

写真8

写真9

・スクワット

中腰の状態でバーストブリージングをします。太ももや腰などに生じる緊張を呼吸の振動が生むマッサージ効果でほぐすようにします（写真10）。姿勢が崩れないよう、壁に背中を預けるのも良いでしょう。

・シットアップ

上体を45度ほど起こした姿勢をバーストブリージングで維持します（写真11）。

・レッグレイズ

足を45度ほど上げた姿勢をバーストブリージングで維持します（写真12）。

写真10

写真11

写真12

いずれもエクササイズの姿勢を維持したままバーストブリージングを行い、全身に呼吸を行き渡らせます。特に所定の時間はありません。各自の体力に合わせてやるようにしてください。

## ●スローエクササイズ

プッシュアップ、スクワット、シットアップ、レッグレイズのいずれもやり方は同じです。バーストブリージングをしながら、できるだけゆっくりと1回だけ行います。

全行程を通して速度を均一に保ち、急に速くなったりしないように注意します。片道10秒から30秒ほどかけると良いでしょう。

もし、どうしても速くなってしまったり、動けなくなったりしてしまうところがあったら、できるだけその姿勢を維持しつつ、激しくバーストブリージングをします。そうやってブリージングの力を借りて、少しでも目指す動きができるよう試みるのです。

スローエクササイズ、スタティックエクササイズともに、終了後は仰向けに寝て1分ほどの回復時間を持つようにすると良いでしょう。特にスクワットの後は立ちくらみを起こしやすいので、注意が必要です。

時間がない時はプッシュアップやスクワットなど、いずれか一つを選んで行っても良いでしょう。特にプッシュアップは両腕から体幹にかけて広い範囲に負荷がかかるので、システマトレーニングで重宝されます。

## ●ブレスホールドエクササイズ

ブレスホールドエクササイズのポイントは、次の通りです。

・ごく軽い負荷から始め、徐々に身体を慣らしていく。
・多少時間がかかっても、身体を揺すったり動かしたりしながら確実に回復する。
・息を止める時は一切呼吸をもらさないようにし、限界に達したらエクササイズの途中でも回復に入る。
・めまいなど不調を感じたら、すぐに切り上げて安静にする。

やり方は4大エクササイズの全てに共通です。

1. 息を止めてエクササイズを1回行います。
2. 安静にしてじっくりと回復します。緊張をほぐすように身体を動かしても良いでしょう。
3. 息を止めてエクササイズを2回行います。
4. 安静にしてじっくりと回復します。

以後、エクササイズの回数を1回ずつ増やしていきます。上限は各自の体力に応じて決めるようにしてください。平均的な体力であれば10回、ある程度スポーツなどをしている人は15回を目指すようにすると良いでしょう。

息の止め方は、次の3種類を用途に応じて使い分けるようにしてください。

・息を吸ってから軽く吐いて止める
最も負荷の軽い止め方です。普段、運動不足気味の人や、体調の悪い人、あるいは初めてブレスホールドエクササイズを行う人は、この方法を用いると良いでしょう。

・息を吐ききって止める

心身を鎮めたい時に用います。エクササイズの後、急激に眠くなることがあるので、午後から夜にかけてのこれからゆっくりと休む時に用いると良いでしょう。

・息を吸いきって止める

心身を活性化させたい時に用います。エクササイズ後に目が冴えた状態になりやすいので、朝など寝ぼけた身体を覚醒させる時に適しています。夜にやると眠れなくなることがあるので要注意です。

## ●ブレスホールドウォーキング

歩きながら、ブレスホールドエクササイズを行うこともできます。

1．息を止めながら歩きます（次頁写真13）。この時、頭の中で歩数をカウントします。

息の止め方はブレスホールドエクササイズと同様です。

2. 限界に達したら呼吸を再開し、回復します。回復にバーストブリージングを用いると良いでしょう。息を止めているよりも長い時間をかけ、完全に回復するようにしてください。

3. もう一度息を止めながら歩き、頭の中で歩数をカウントします。2の段階で完全に回復できていれば、心身がリラックスし血行も改善されているため、息を止めたままより多くの歩数を歩けるはずです。

写真13

4. 再びじっくりと回復します。

ブレスホールドエクササイズでは回復時に安静にしていましたが、ウォーキングでは歩き続けています。つまり「動きながら回復する」という要素が加味されています。

これをもう少し進めたものに、次のようなエクササイズがあります。

## ●ブレスホールドエクササイズと4大エクササイズを合わせる

1. 息を止めながら、4大エクササイズのうちの一つを行います。
2. 限界に達したら、別のエクササイズをしながら呼吸を回復します。
3. 回復し終わったら、息を止めながら別のエクササイズを行います。
4. 限界に達したら、再び別のエクササイズをしながら呼吸を回復します。

プッシュアップ、スクワット、シットアップ、レッグレイズの4つをまんべんなく行うと良いでしょう。

# 第3章 テンションとリラックス

SYSTEMA BODYWORK

# そもそも、なぜリラックスなのか？

「緊張すると、人は自分自身を見失ってしまいます」――ミカエル・リャブコ

「リラックスしましょう」。これは、しばしばシステマのクラスで聞かれる言葉です。システマに限らず、多くの武道やスポーツからメンタルヘルスに至るまで、あらゆる分野でリラックスは重視され、優れたメソッドもたくさん作られています。

では、筋力は一切不要なのでしょうか。そうだとしたら、宇宙から帰還したばかりで筋肉の萎縮してしまった宇宙飛行士のような身体こそが理想ということになってしまいます。しかし現実はそうではありません。筋肉が一切働かなければ、指一本動かすこともできないのです。

避けるべきは、過度な緊張と過度なリラックスです。この両者はいずれも動きの妨げとなってしまいます。ゆるみ過ぎた筋肉は必要なだけの動力が得られず、身体を動かすことができません。逆に力み過ぎた筋肉もまたブレーキとなって動作をブロック

してしまいます。

目指すべきは、最も効率よく動くことのできる身体です。それは緊張とリラックスのバランスが取れたニュートラルな状態において実現することができます。

しかし身体は本人の意思に反して力み、強張ってしまうという性質があります。そうやって硬くなってしまった身体をゆるめることで、ニュートラルな状態を取り戻していくのが、システマのリラクゼーションなのです（図1）。

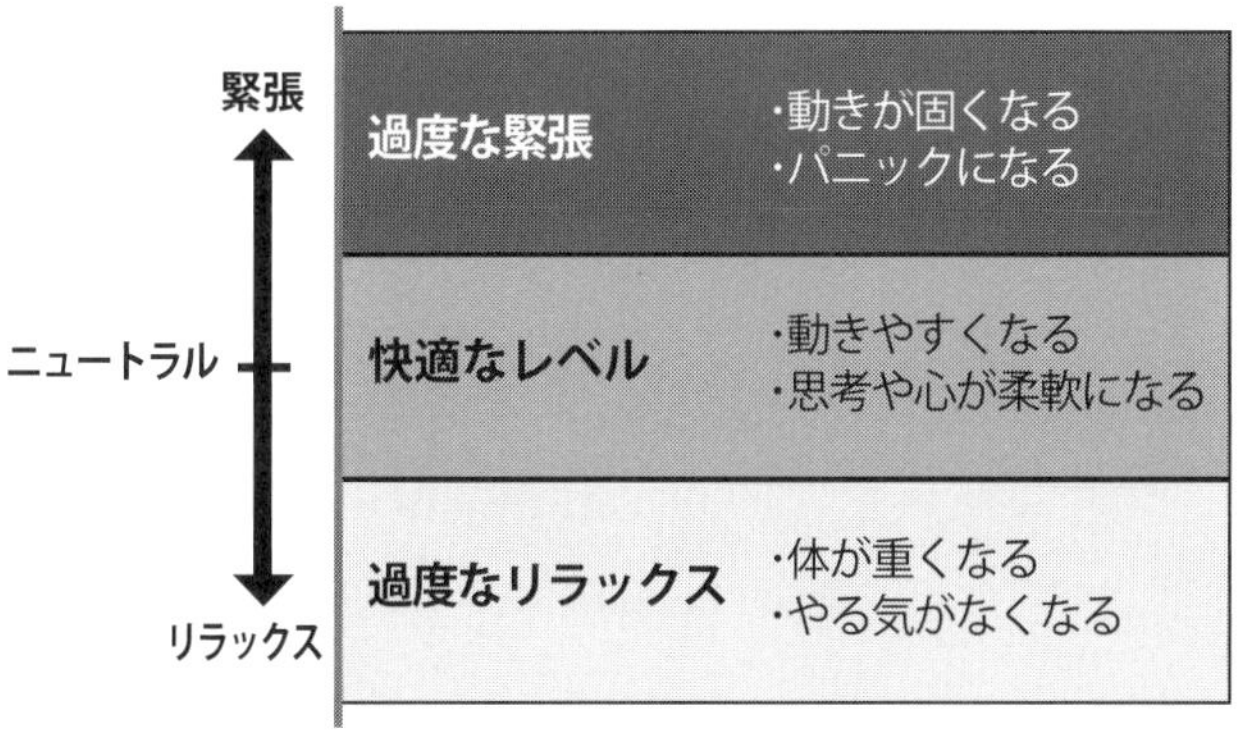


図1

# 人はなぜ強張ってしまうのか？

そもそもなぜ身体は強張ってしまうのでしょう。

その根底には恐怖心があると、システマでは考えます。恐怖心によって生じる外界への防御反応として筋肉を強張らせるのです。

これは一説によると、人体が本能的に備えた行動であると言われています。野生の世界で天敵からの攻撃を避けるためには、じっと身を潜めて風景と同化しなくてはいけません。なぜなら動物の目は動くものに対して敏感に反応するようにできているためです。つまり野生の世界では、恐怖を感じた時に身体を硬直させることが理に適った生存戦略となっていました。

そうやって数万年生き延びてきた名残が、今なお人間の身体に残っているのです。

もう一つの理由は、筋肉には一旦収縮した後、ゆるんでもわずかに緊張が残る性質があるということです。そのため筋肉は使えば使うほど、緊張が蓄積し、次第に硬く強張ってしまうことになります。

他にも、古傷や動作のクセ、トラウマなど緊張を蓄積する要因はいくつもあります。一切、緊張することなく生活を営むのは不可能といって良いでしょう。

こうした傾向が続くと、動作の効率が低下するばかりか、骨格が歪み、内臓が圧迫され、体調を損ねてしまうこともあるでしょう。だからこそ筋肉に生じた緊張を速やかに除去し、失われた柔らかさを回復するためのリラックスのスキルが必要となるのです。

## リラックスの原理

では、どうやって筋肉をゆるめれば良いのでしょうか。

筋肉は脳から収縮を促す指令を受け取ることでオンになり、オフになることで弛緩します。力みっぱなしになった筋肉は、スイッチがオンになったままオフにできなくなってしまった状態と考えれば良いでしょう。

ですから、リラックスをオンにするスイッチは身体についていません。あるのは緊張をオンにするスイッチだけです。リラックスとは、緊張のスイッチがオフになることで実現するのです。ここでの問題は、身体には自分の意思でオンオフできないスイッチがあまりにも多いということです。つまり脳と筋肉をつなぐ配線が、機能しなくなってしまっているのです。

リラックスは、「静的リラックス」と「動的リラックス」の2種類に分けることができます。前者は安静な状態で完全に筋肉を弛緩させ、心身の回復とリラックスの学習を目的とするもの。これに対し、後者はスムーズで省エネな動作を目的としたものです。

しかし横たわって身体の力をすっかり抜いたつもりでも、強張ったままになっている筋肉がたくさんあります。マッサージなどの施術を受けて圧痛を感じたり、「凝っていますね」と指摘されて初めて自覚できるような強張りも多く潜んでいることでしょう。

また、動作をすれば、それを妨げるような緊張がたくさん生まれます。誰の目から見てもぎごちなく動きながらも、本人はリラックスしてスムーズに動いていると思い込んでいたりするものです。

つまり、完全な弛緩を目指す「静的リラックス」も、滞りのない理に適った動作を目指す「動的リラックス」も、ともに妨げとなるのは「無意識の力み」です。筋肉が本人の意思とは無関係に勝手に力んでしまうことで、休養による回復と的確な動作の両方を不十分なものにしてしまうのです。

でも意思に従うことなく力んでしまう筋肉は、意思でゆるめることもできません。これをゆるめるためのテクニックは無数にありますが、大まかな原理は次のようにまとめられます。

1. 息を吐くことでゆるめる。
2. 筋肉を力ませた反動でゆるめる。
3. 感じることでゆるめる。

息を吐くと筋肉が自ずとゆるむということは、第2章で解説したとおりです。それを利用するのが1です。

続く2は、「力ませると、力む前よりも一時的に深くリラックスする」という筋肉の性質を用いたものです（図2）。

酷使された筋肉は、回復するためにリラックスを求めます。その時にゆっくりと筋肉を休めれば神経も鎮まり、深くリラックスします。緊張が蓄積するのは、休むべき時に休まず、さらなる負荷をかけてしまうためといえるでしょう。

システマのトレーニングでは全身を力ませたり、ハードなエクササイズをこなした後にリラクゼーションを行うことが多々あるのも、この性質を利用しているためです。

ですが、より根本的な改善を図るなら、もう一つの原理が必要になります。それが3の

図2

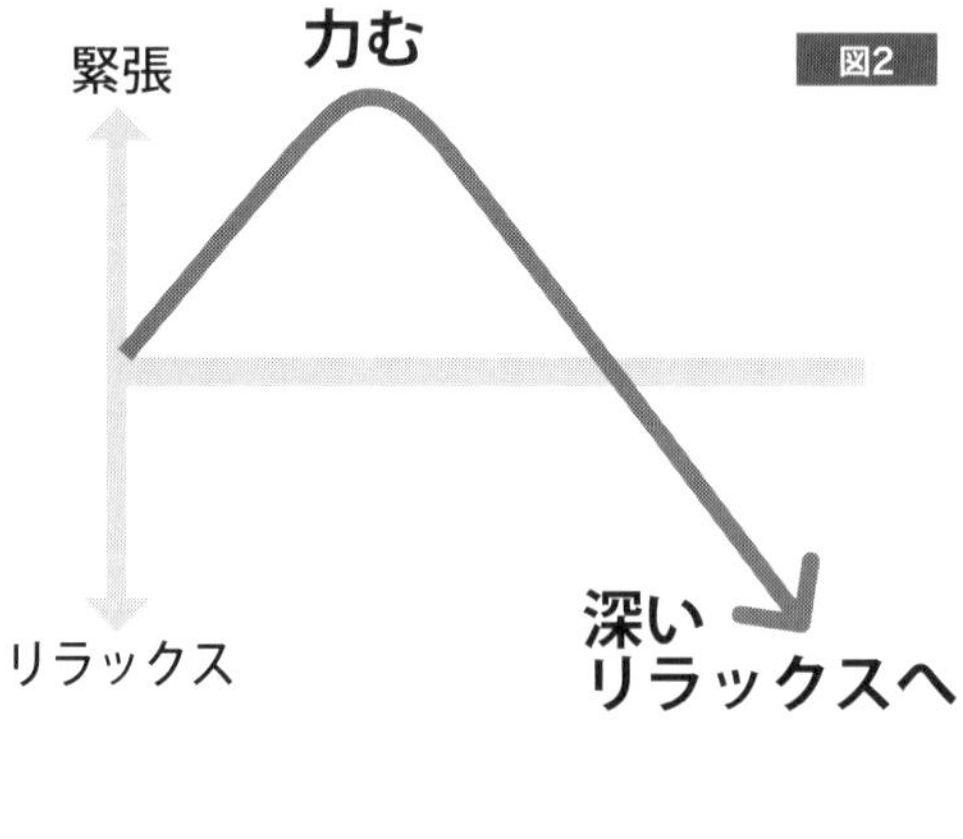

「感じる」です。

脳と身体との間には常に膨大な量の情報が行き交っています。本人の意思と無関係に力んでしまうのは、脳と筋肉をつなぐ情報の配線が切れてしまっているようなものです。だからこそ脳からの命令が伝わらず、力んでいることも自覚できないのです。この配線をつなぐ役割を果たすのが、「感じる」なのです。

## 感じる力

脳と身体の間には、常に情報が行き来しています。

身体を動かす時には脳から身体へと指令が送られていますし、何かを感じた時にはその情報が身体から脳へと送られています。一般的なエクササイズや動作では、思い通りに身体を動かすことが求められます。しかしこれでは、脳から身体へと送られる情報にしか注目されていません。

より重要なのが、自分の身体がどんな姿勢で、どんな動きをしているのかを正確に認識する能力です。その精度が高ければ誤差を敏感に検出し、すぐに修正することができるでしょう。

余計な強張りや姿勢の歪み、あるいは心拍数や呼吸の変化なども速やかに察知し、ニュートラルな状態を回復することも可能となります。つまり脳から身体に送られる指令は、身体から得た情報がもとになっています。ですからも精度の高い情報を得られなければ、精度の高い動きもまたできないのです。ですから「感じる」トレーニングは、身体から脳へと情報を伝える神経を鍛えるトレーニングといえるのです。

モスクワで毎年行われる集中セミナーでは、ある年のテーマが「FEEL & SENSE」でした。つまり感じることそのものが、マスターと呼ばれるほどのレベルに達する道となることを意味します。そのくらいシステマでは「感じる力」を重視しています。

## 身体の何を感じるのか?

しかし、ただ身体を感じるといっても、いささか漠然としています。ですからまずは「筋肉」に焦点を当ててみることにしましょう。

筋肉には「緊張しきった状態」と「弛緩しきった状態」の二つの状態があります。それに「緊張しつつある状態」と「リラックスしつつある状態」の二つを加えれば、全部で四つの局面があることになります。ですから筋肉を感じようとする時は、これら四つの状態のどれに該当するのかを探っていくことになります。

もし「力んでいる」あるいは「力みつつある」という自覚があれば、ブリージングをして筋肉をゆるめることになるでしょう。力みつつある状態をできるだけ早い段階で自覚できれば、それだけ確実に力みを緩和できることになります。

それがうまくいって「リラックスしつつある感覚」あるいは、「リラックスした感覚」が得られれば、試みが成功したことを意味します。緊張も弛緩も感じられない部位は、普段から動きに参加していない部位です。そこに意識を向け、他の部位と同じように力ませ、リラックスさせられるようになれば、その分だけ全身の動きが改善されたことになります。

また、筋肉の他に心拍や血圧、呼吸といったバイタルもまた感じる対象となります。

心理的なストレスがかかれば心拍数が上がり、呼吸も早くなるでしょう。

こうしたことをすぐ自覚できれば、速やかにブリージングをして緊張を和らげ、ニュートラルな精神状態を保つことも容易になります。

それができなければ自分が緊張していることに気付かないまま悪化させてしまい、頭が真っ白になったり手足が硬直したりして、肝心の行動ができなくなってしまうことにもなりかねません。

システマのクラスでしばしば用いられるのは、「脈」を感じるエクササイズです。普段はほとんど意識されることはありませんが、心臓の拍動は血液を通じて全身に伝わっています。これを全身でくまなく感じられるようにすることで、身体の声を拾い上げる感度を高めることができるのです。

特に心拍数は心理状態に直結します。脈を感じられるようになることで、自分の心理状態をより明確に把握できるようになるのです。こうして自分自身への理解が深まれば、自ずと人間全体への理解が深まります。

システマでは、こうも教わります。

「自分のことが分からなければ、他者のことなど分かるわけがない」

それは同時に「自分のことが分かれば、他人のことも分かる」ことを意味するのです。

また、「感じる」ことそのものにも、筋肉をゆるめる働きがあります。なぜなら筋肉には、力むことと感じることを同時に行うことができないという性質があるためです。

例えば手に持ったものの重さや、触れたものの手触りなど、感触を通じて何かを探ろうとすると、自然に手の力が抜けるのがわかるでしょう。

身体から脳へと伝わる情報と、脳から身体へと伝わる情報はそれぞれ、「情報収集」と「動きの指示」という二つの働きとしてみなすことができます。筋肉はこれら二つの働きを担っていながら、同時進行することができないのです。ですから情報収集に専念しようとすると、自ずと力みが抜けていきます。

感じる対象は他にも色々とあります。「重力」もその一つです。

息を吐きつつ筋肉をゆるめれば、身体がずっしりと重くなるのが感じられることでしょう。逆に吸いながら緊張させれば、今度は軽くなったように感じます。重くしたり軽くしたりした状態で誰かに抱え上げてもらうと、抱え上げる人もまた重さの変化を感じるはずです。実際に体重が変わるわけではありませんが、身体に働きかける作用が変化するのです。

あるいは体温を感じても良いですし、身体を丹念に感じていけば他にも様々な感覚を見出すことができるでしょう。こうした感覚を体表だけでなく、骨格や臓器など、深い層でも感じ取るようにすればより奥底の組織をリラックスさせられます。

## リラックスの学習

身体が発するあらゆる情報に意識を向ければ、筋肉がゆるんで鋭敏さを取り戻します。するとさらに多くの情報が得られるようになっていきます。

こうしてリラックスと情報収集の二つが進行していくと、身体がその状態を学習するようになります。つまりリラックスした状態を維持し、たとえそれが崩れたとしても容易に再現できるようになっていくのです。

静的リラックスであれば、速やかに深くリラックスできるようになるでしょう。動的リラックスであれば、特に意識しなくても力の抜けた動きになり、精度や持久力が向上していきます。構造的な強度も保たれるので、より大きな力を出せるようになることでしょう。

なかなかリラックスができないと感じる場合は、リラックスした時の感覚を忘れてしまっていることが原因として考えられます。リラックスした感覚が分からなければ、自分がどれだけ緊張しているかも分かりません。緊張した時にもどんな状態に自分を整えていくべきか見出すことができないでしょう。

もちろん、強度のストレス下でも安静時のようなリラックスができるわけではありません。しかしリラックスした時の感覚を身体が覚えていれば、少なくともリラックスした状態を目指すことができるはずです。つまり方向性が明確になるのです。そうやって強張った状態からリラックス状態へと復帰する経験を積めば、それもまた身体は学習します。より早く、確実にリラックスできるようになるのです。

それがどれだけ上達したかを検証するため、システマで不可欠なのがマーシャルアーツのドリルです。トレーニングパートナーが攻撃を仕掛けてくるというストレスフルな状況でリラックス状態を保ち、的確に行動できるかを試すのです。

## リラックスと血流

蓄積した強張りが軽減しリラックスが進んでいくと、健康面にも好ましい変化が生じます。

まず挙げられるのは、身体各部の組織に新鮮な酸素と栄養分が供給されるということです。これらを全身に送り届けるのは、血液の役割です。この血液を循環させる臓器として不可欠なのはもちろん心臓です。しかしこれだけでは不十分です。

血液は心臓のポンプ運動によって動脈に送り込まれますが、毛細血管へと流れ、静脈に集まる頃には勢いが失われてしまっているのです。しかも人間は身体の大部分が心臓より下にあります。そのため引力に逆らって下半身の血液を心臓にまで押し戻すための力が必要となります。それが筋肉の働きです。

筋肉の収縮と弛緩を繰り返すことで、付近にある血管に圧力が加わり、血液が押し流されるのです。同様の働きは、老廃物や白血球などを運ぶリンパ液で特に重要になります。リンパ系には循環器系における心臓にあたる臓器がありません。そのため循環に必要な力の大部分を、筋肉の運動に依存しているのです。

これを妨げるのが、筋肉の強張りです。筋肉が緊張すれば付近の血管が絞り込まれ、血流がせき止められてしまうためです。

こうした筋肉がリラックスできるようになれば、血管やリンパ管が開放され、循環が回復します。すると蓄積していた老廃物が排泄され、新鮮な栄養と酸素が隅々まで行き届くようになるでしょう。それは活発な新陳代謝をもたらし、あらゆる組織を若く健やかに保つ助けとなるのです。

こうした影響を最も大きく受けるのは、脳です。脳は重量こそ体重の2％ほどでありながら、酸素や糖分の消費量に関してはおよそ20％に達します。そのため酸欠に極めて弱く、呼吸停止後5分もすれば致命的なダメージを負ってしまうとされています。

筋肉の強張りは他の組織と同じように脳への血流も妨げます。それればかりか脳で消費されるべき酸素とエネルギー源を奪い、大量に浪費してしまうのです。精神的なショックや極度のアガりによって思考が停止してしまう一因もそこにあります。筋肉の緊張によって脳が一時的な酸欠状態となり、機能が低下してしまうのです。

それは、極限状況では致命的なミスになりかねません。だからこそシステマでは、リラックスとブリージングが重視されるのです。

## 「強張り」と「張力」

システマは、もともとロシアで生まれたものが英語圏を中心に広まったという経緯があります。そのため翻訳の過程で微妙に言葉のニュアンスが異なることがあります。

その最たるものが「緊張」と「リラックス」です。緊張は「Tension」という英語で伝えられますが、そこには「強張り」と同時に「張力」という意味も含まれます。

この二つは似ているようで実は正反対の意味を持ちます。「強張り」は身体を硬直させるのに対し、「張力」は姿勢を保持し力を伝えるのに不可欠です。つまり「強張り」

は動きの妨げとなりますが、「張力」は動きを生み出すのです。

しかし両方とも「Tension」という言葉で説明され、日本語でも「緊張」と訳されます。システマをやっていると「緊張をすっかり抜きなさい」とアドバイスされたかと思えば、同じ人に「緊張を利用しなさい」と言われ、混乱することがあります。その理由は「Tension」「緊張」という言葉に、相反する二つの意味が同時に含まれてしまっているからと言えるでしょう。


同様のことは「リラックス」にも当てはまります。ロシア語では「расслабиться」という単語が用いられますが、「力を抜く」の他に「弱くなる」「弱体化する」といったニュアンスが含まれます。ですからロシア人にとってこの言葉は「力を抜く」という意味と同時に「力の抜き過ぎも良くない」という連想を生みやすいのです。全面的にポジティブな印象のある「リラックス」とは、ずいぶんニュアンスが異なることがわかるでしょう。

このように言葉はしばしば混乱の原因となります。話し手と受け手で言葉の解釈が異なることで、まるで異なる内容が伝わってしまうのです。

こうした行間を埋めるのも、「感じる」ことで得られる身体の感覚です。マスターやインストラクターのアドバイスを受け入れつつも、決して鵜呑みにすることなく、必ず自分の身体で確かめていくことが大切です。そうすることで初めて、教わったことが自分の血肉となるのです。

こうしたことを踏まえてリラックスしようとすると、やればやるほど自分の硬さに直面することになります。中には愕然としてしまうこともあるかもしれません。

しかし、それこそがリラックスが進むプロセスです。リラックスとは、力みに気づくことで始まります。逆に言えば、力みを自覚することがなければ、リラックスすることもできません。ですから、上達すればするほどたくさんの力みが見つかっていきます。わずかな力み、奥底の力みも見逃さないようになるからです。

システマを創始したミカエルでさえマッサージを好み、ブリージングを実践しています。まだまだ身のうちにたくさんの緊張を自覚し、取り除き続けているからです。だからこそ、ミカエルを始めとするシステママスター達は今なお進化し続けているのです。

つまり、リラックスに終わりはありません。それは無限に向上できることを意味するのです。

## 血流をコントロールする実験

本章で紹介したリラックスの原理を、手軽に実感できる実験です。

1. 右手の拳を力一杯握り込みます。
2. 10秒ほどしたら、力を抜いたままの左手と見比べてみます。右手の方が血色がなく、白くなっているのが確認できるでしょう(図3)。
3. さらに10秒右手だけ握り込みます。
4. 10秒たったら右手の拳を解いて力を抜き、左右の手のひら

図3

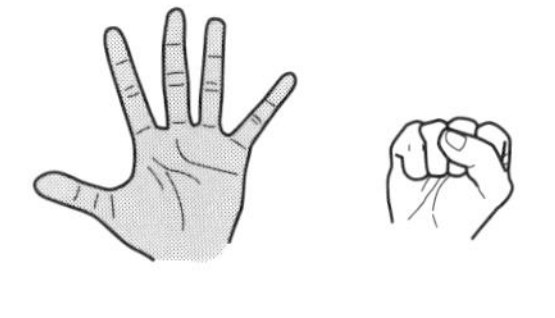

の色を見比べます。すると握り込んでいた手の方が、左手に比べて血色が良くなっていることに気づくでしょう（図4）。これは筋肉がリラックスすることで血管が開き、血液が流れ込んだためです。

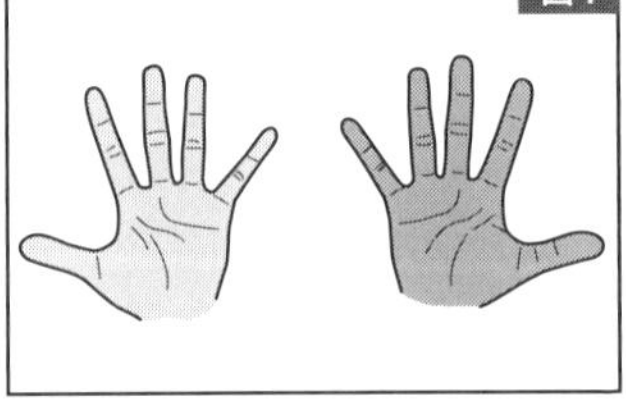

図4

また、力を抜いてしばらくすると、手のひらがうっすらと汗ばむこともあるでしょう。それは血流の活性化により、新陳代謝が行われたことを意味します。

これを全身に応用したのが次のエクササイズです。

## 全身を力ませるエクササイズ

1. 仰向けで寝て、息を吸いながら全身を力ませます。
2. 全身が力みきっているかチェックします。ゆるんでいる部位を見つけ、全て緊張させます。できればパートナーに手足などを揺すったり触れたりしてもらって、確かめると良いでしょう(写真1、2)。理想は全身が石像のようにひとかたまりになることです。

3. 全身の力を抜きます。リラックスしていく感覚を味わいます。

4. 1分ほど仰向けに横たわり、エクササイズによって筋肉に生じた緊張の余韻や血圧、脈拍の変化を落ち着けます。

2の段階を厳密にやると、本人は顔を真っ赤にして力んでいるつもりでも、足や背中など、普段あまり意識することのない部位がゆるゆるだったりします。

筋肉には、一旦力ませることで深くゆるむ性質があります。ですから、ゆるめる以前に、まず力ませられなくては

写真1

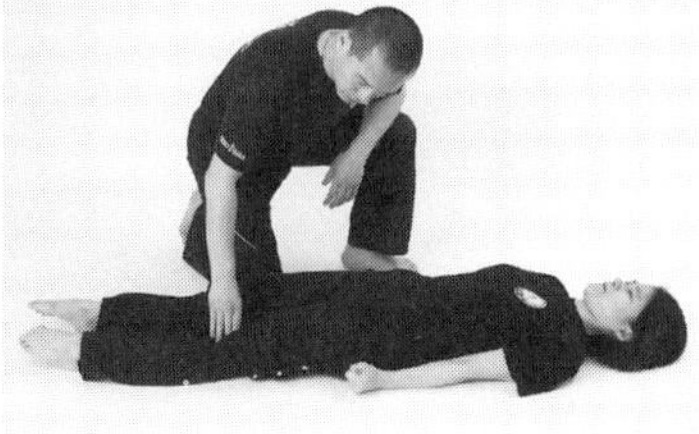

写真2

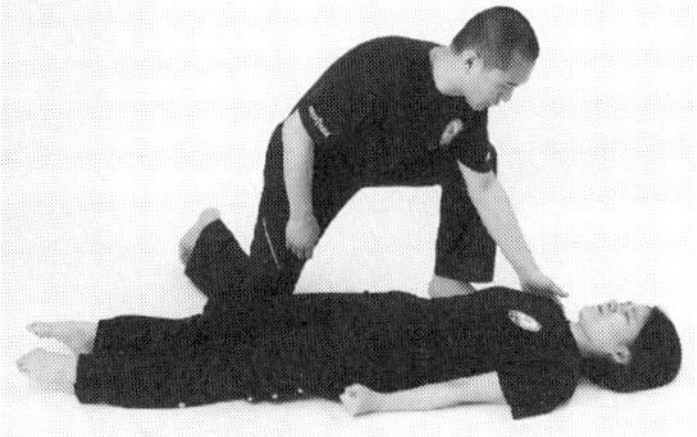

いけません。

リラックスといえば、力んでいる部位が注目されがちですが、より根深い問題といえるのがこの力むことすらできない部位です。なぜならこうした部位が本来担うべき負荷を担わずにいるからこそ、他の部位が肩代わりをすることになり、強張ってしまうためです。

また、このエクササイズは一時的に血圧が上昇します。顔に血が上る感じがそのサインです。全身を力ませる2は、呼吸の限界まで行わず、三割程度の余力を残すようにしましょう。特に高血圧の方は医師と相談のうえ、公認インストラクターの指導のもとで行うようにしてください。

## 部位別に力ませるエクササイズ

ここでは、先ほど紹介した筋肉を力ませるエクササイズを、パーツごとに行っていきます。これによって、全身をくまなくコントロールできるようにしていきます。

1. 楽な姿勢でリラックスします。楽であればどんな姿勢でも結構です。
2. 鼻から息を吸いながら両腕をめいっぱい力ませます（写真3）。
3. 両腕がしっかり硬直しているか、どこが連鎖的に力んでしまっているかを探ります。腕がゆるんでいればさらに力ませ、他の部位が力んでいたらゆるめるようにします。
4. 息を吐きつつ両腕をリラックスさせます。筋肉がゆるみ、血液が流れていく感覚を味わいます（次頁写真4）。
5. これを胸部、腹部、背中、両脚といった各部位で行います（次頁図5）。ターゲットの部位をしっかり力ませつつ、他の部位は完全にゆるませるのは

写真3

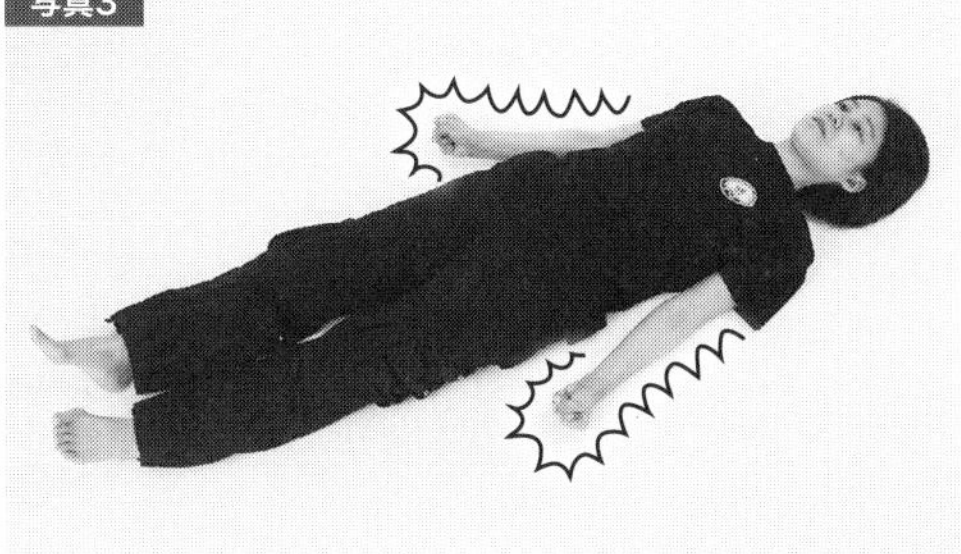

全ての部位に共通です。さらに細かく区分けしたり、右半身や左半身といったブロックごとに行うのも良いでしょう。

6．1分ほど仰向けに横たわり、エクササイズによって筋肉に生じた緊張の余韻や血圧、脈拍の変化を落ち着けます。

それぞれの部位で、「力みつつある状態」「力みきった状態」「ゆるみつつある状態」「ゆるみきった状態」の感覚を味わうようにしましょう。

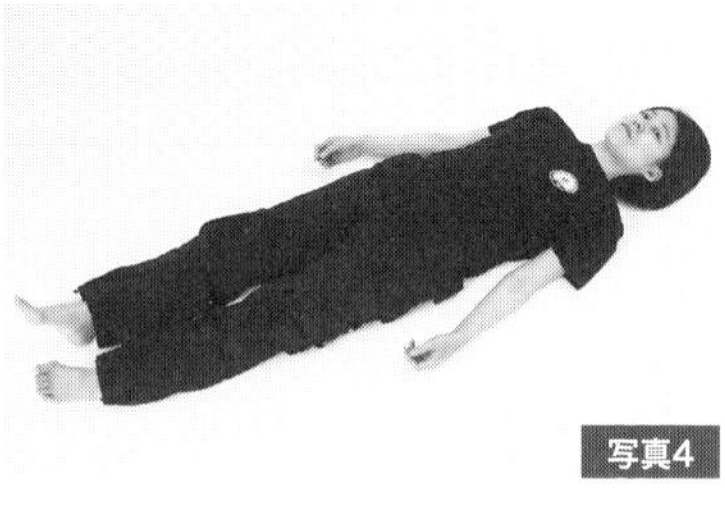
写真4

図5

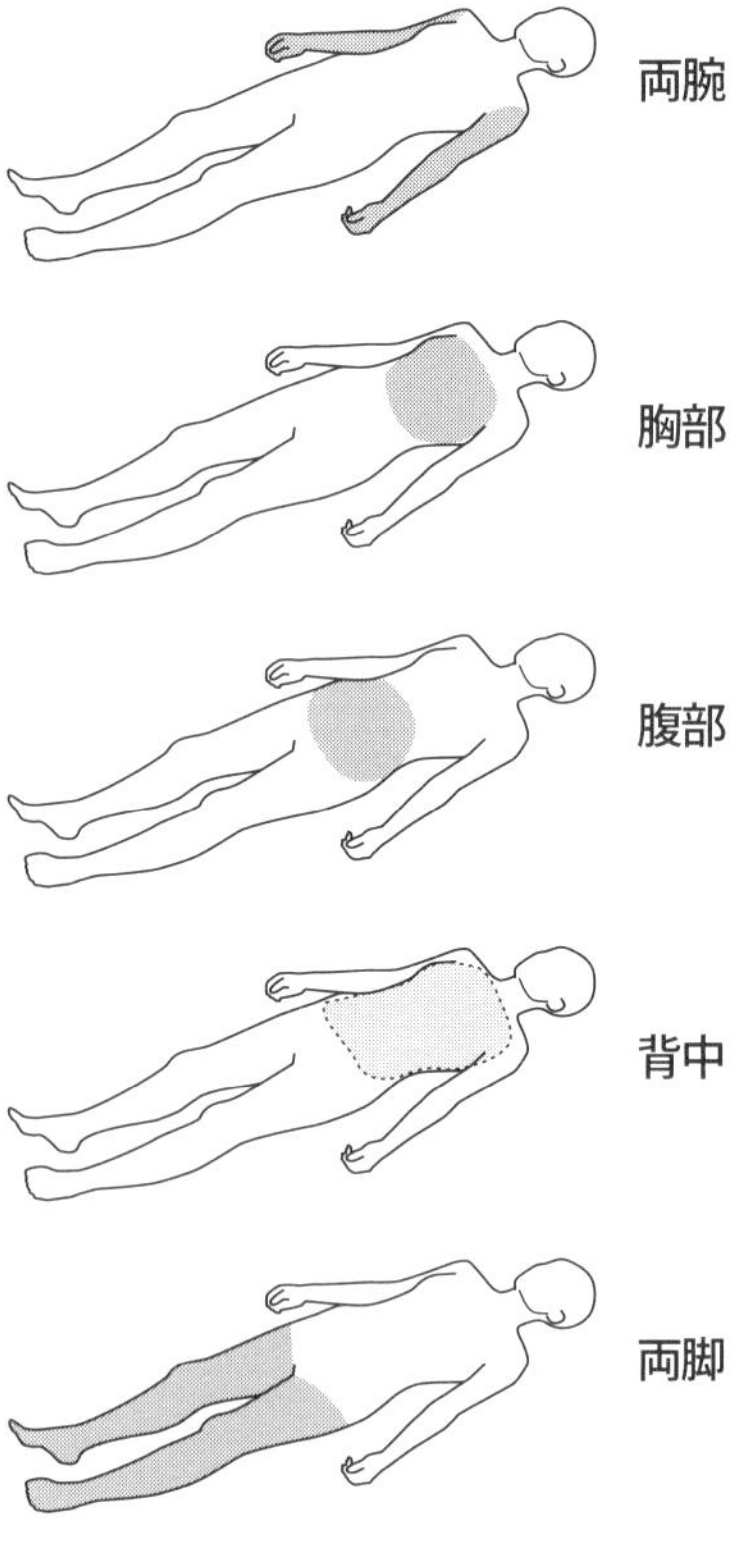

## 脈を感じるエクササイズ

身体から脳へと伝えられる情報を繊細に感じることで、強張りを取り去り、メンタルを鎮めることができます。

そこで有効なのが「脈」を感じるエクササイズです。システマのトレーニングでは、心身をより深いリラックス状態に導く時にしばしば用いられます。

1. 全身で脈を感じます。
2. 「部位別に力ませるエクササイズ」と同じように全身を区分けし、パーツごとに脈を感じていきます。
3. 部位ごとに感じた脈の感覚を統合するつもりで、全身で脈を感じます。

最初のうちは脈の感覚を見つけられない人もいるでしょう。でも、感じようとすることそのものが、身体へと意識を向ける助けになります。

また、このエクササイズに先立って、かなり強めのエクササイズをやっておくのも良いでしょう。心拍が強くなるのに加え、力んだ後に深くゆるむ性質によって、筋肉が鋭敏になるためです。

## リラックスに焦点を当てたエクササイズ

プッシュアップ、スクワット、レッグレイズを、一切力みを作らないように細心の注意を払いながら行います。

### ●プッシュアップ

1．うつ伏せになり、一切筋肉を力ませないように注意しながら、拳を身体の両脇に置きます（写真5）。

写真5

写真6

2. 拳を両脇に置いたら、ゆっくりと拳で床を押していきます。腕の力で身体を持ち上げるのではなく、あくまでも床を押し込んでいくようにしてください（写真6）。この時、肩や背中などに一切、力みが生じないように気をつけます。もし力みが生じたらうつ伏せに戻り、最初からやり直しです。

## ●スクワット

1. 力を抜いてしゃがみます（写真7）。
2. そのまま足裏で床を押し込んでいきます（写真8）。この時、腰が反らないように気をつけます。プッシュアップと同様、足を踏ん張って身体を持ち上げるのではありません。少しでも反ったら最初からやり直しです。

写真7

写真8

## ●レッグレイズ

1. 仰向けに横たわります。この時、背骨全体を床につけるようにします（写真9）。腰に緊張が残って反りの部分が浮いてしまうことが多いようです。
2. 背中全体が床についた状態を保ったまま、ゆっくりと足を引きつけます（写真10）。どう足を動かせば力みが生じずに済むか、色々な動かし方を試します。少しでも腰が浮いたらやり直しです。
3. 同じく背骨全体を床につけたまま、足を上げます（写真11、12）。少しでも腰が浮いたらやり直しです。

写真9

写真10

写真11

写真12

ヴラディミア・ヴァシリエフは「これらのエクササイズは、1日2回以上やらないように」と教えています。つまり、それくらい集中して厳密にやることが求められているのです。

これらのエクササイズは、次の方法で検証することが可能です。力みの有無が動きの質を大きく変えることを実感できるでしょう。

## ●プッシュアップの検証

1. Aは力を抜いて立ち、腕をプッシュアップと同じ形にします。
2. Bは両手のひらを重ねてAの拳を受け止めるようにします（写真13）。
3. Aはプッシュアップで床を押し込んだのと同じ要領で、拳でBを押します。うまくいくと力がBに伝わり、Bを動かすことができます（次頁写真14）。
4. Aは同様の姿勢から、床から身体を持ち上げる要

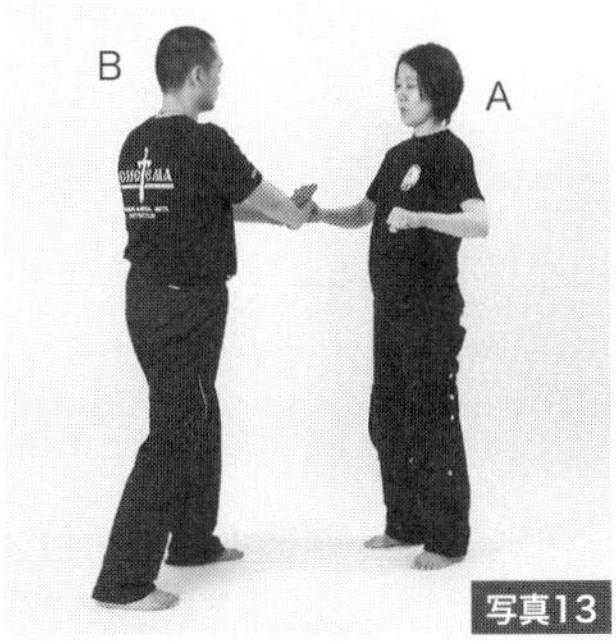

写真13

領でプッシュアップと同じ動作をします。すると反力が返ってきて、自分が動かされてしまいます（写真15）。

写真14

写真15

同じ腕を伸ばす動作でも、対象を動かそうとするか自分を動かそうとするかで、作用がまるで異なるのが分かるでしょう。

## ●スクワットの検証

1. Aはリラックスしてしゃがみ、Bに片手を持ってもらいます（写真16）。
2. Aは腰が反らないよう気をつけつつ、手を引きつけます。するとBが動かされてしまいます（写真17）。

3．次、Aは腰をひねったり、肩を使ったりなど体幹の力を用いてBを引っ張ろうとします。すると逆に自分が崩れてしまうでしょう（写真18）。

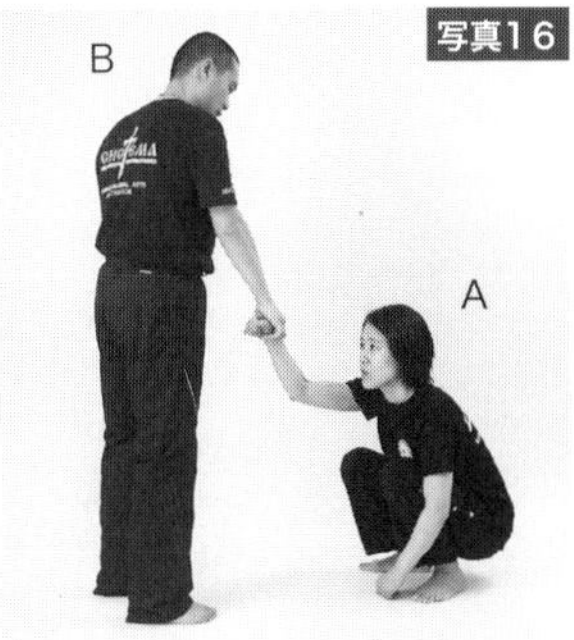

写真16

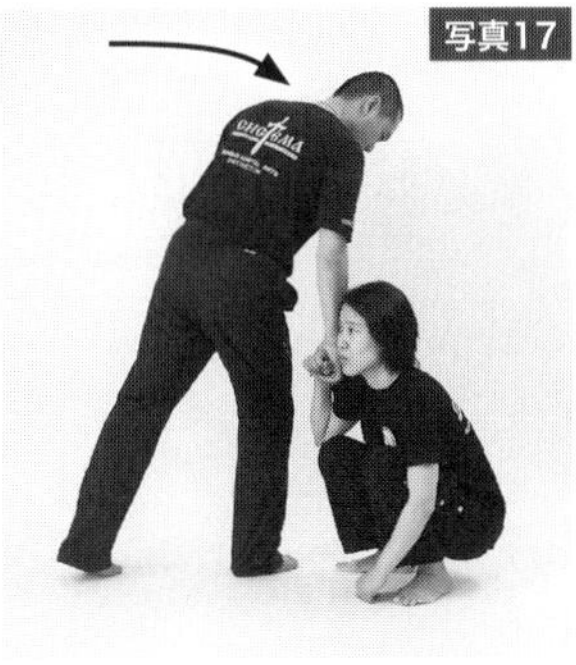
写真17

## ●レッグレイズの検証①

レッグレイズの検証ですが、足を上げるわけではありません。背骨全体が床についた状態とそうでない状態で、身体の強度がどう変わるかを確かめます。

1．Aは仰向けに寝て、背骨全体を床につけます。Bは馬乗りになります。

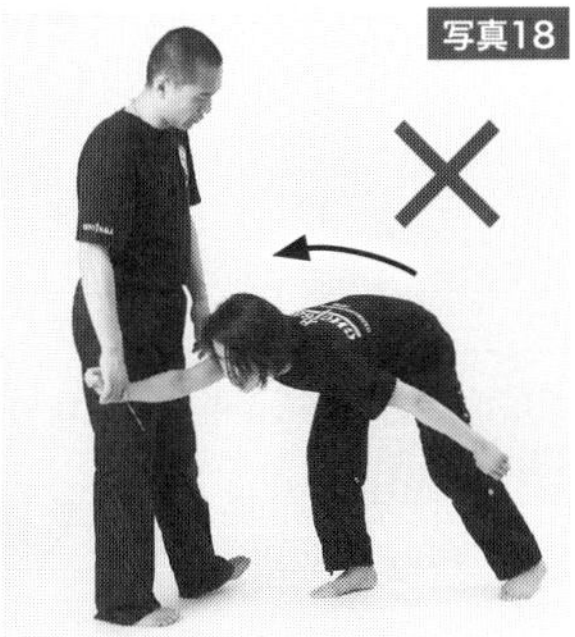
写真18

2. AはBの上腕付近に手を当て、腰に反りが生まれないよう注意しつつBを押します（写真19）。するとBの身体が動かされます（写真20）。

3. Aは同様の姿勢から腰に力みを作り、浮かせた状態で同じことをします。するとBはビクともしません（写真21）。

## ●レッグレイズの検証②

次の方法でも確かめることができます。

Bは仰向けに寝たAの腰を持ち、持ち上げます。背骨全体が床についた状態と腰が浮いた状態の両方で試し、感触の違いを確かめます。

背骨が床についていると身体が一体になって重く感じられますが（写真22）、

写真20

写真19

写真21

腰が浮いていると体幹が上下で分断されるため、持ち上げることができます(写真23)。

写真22
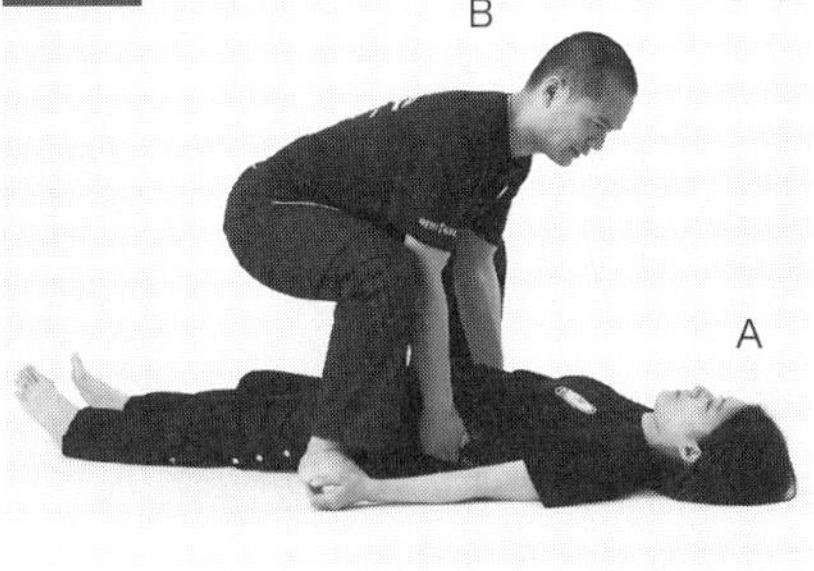


写真23
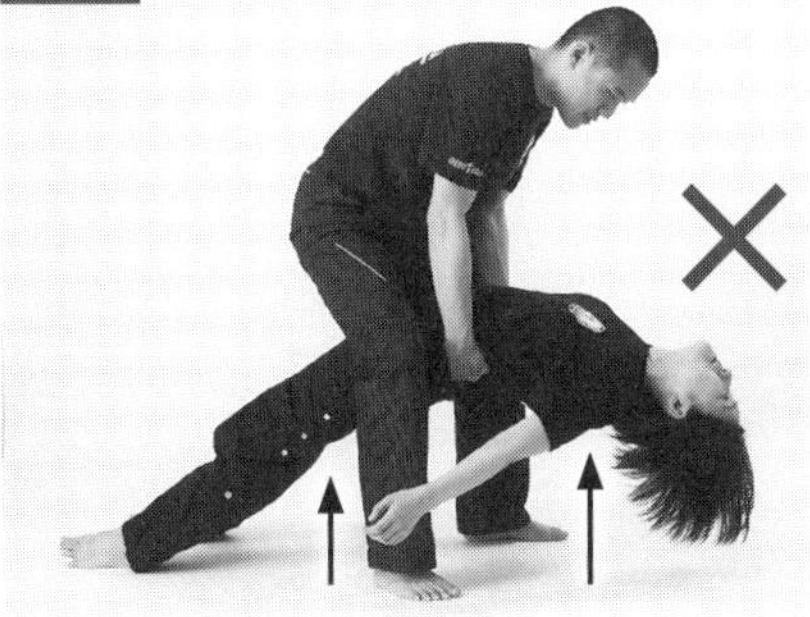

# 第4章 姿勢

SYSTEMA BODYWORK

# 正しい姿勢とは？

「正しい姿勢とは、全てがなすべきことをしている状態です。骨格は身体に構造を与え、筋肉はリラックスして必要な時だけ力を出し、関節はゆるんで、しなやかです」

――ミカエル・リャブコ

システマに限らず、あらゆるスポーツや武道、芸事において、正しい姿勢が重視されます。なぜなら、姿勢が歪めば身体のパフォーマンスが低下し、望む動きができなくなってしまうからです。その上、健康面や精神面においても多くのデメリットが生まれます。

この章で扱う正しい姿勢とは、基本的に二本足で立った状態を指します。その場合、足、腰、肩、頭といった身体の各部がまっすぐ積み重なった状態が、正しい姿勢となります。なぜなら物理的に最も効率良く重力に耐えることができるからです。

これに対して、背骨を捻ったり曲げたり、足を広げ過ぎたりした状態は、姿勢が崩れた正しくない姿勢ということになります。なぜなら構造的な強度、動きやすさ、持久力などが失われるからです。

とても簡単なことのようですが、どういうわけか誰もがこの状態を崩してしまいます。だからこそ姿勢に注意を向ける必要があるのです。

## 姿勢反射を最低限に抑えるために

正しい姿勢とは、身体の構造的な強度が最大限に発揮される姿勢を指します。つまり強く、長持ちする姿勢です。その意味では、極めて物理的です。人体を骨格や筋肉、靭帯、皮膚などからできた構造物と考えれば、建築物を作る際の強度計算などで割り出せる問題なのかもしれません。

しかし、そういうわけにはいかないのが現実です。なぜなら人体は無機的な構造物とは違い、生きて動くからです。信号やレジの順番待ちなどで立っている人を見ていると、常に微妙に揺れているのがわかるでしょう。直立不動で微動だにせずにいる人は一人もいません。

このように、人の身体は動き続けることによって、安定しています。それは身体が姿勢反射という働きによって、自律的にバランスを取っているためです。もしこれを固定してしまえば、すぐに倒れてしまうことでしょう。姿勢反射とは、バランスを崩しそうになる度に、筋肉を緊張させて姿勢を立て直す働きです。つまり筋肉の緊張がブレーキとなることで、姿勢を維持しているのです。


ここで分かるのが、バランスの崩れと筋肉の緊張がワンセットになっているということです。

ですが前章でも解説した通り、筋肉の力みは身体のパフォーマンスを低下させます。つまり、姿勢反射は直立した状態を維持する上でとても便利な反面、身体を強張らせてでも立ち続けようとする諸刃の刃でもあるのです。ですから筋肉の緊張を最低限に抑えつつ、二本足で立てるようになる必要があります。

そこで鍵となるのはバランスです。姿勢反射はバランスが崩れることによって起こります。ですからバランスを崩しさえしなければ、反射が起こることもなく、直立に伴う力みも最低限で済むようになるのです。

## 正しい姿勢＝ニュートラル

バランスの取れた姿勢とは、どの方向にも偏りのないニュートラルな姿勢です。この時、身体の構造的な強度、動きやすさ、持久力が最大限に引き出されます。ニュートラルな姿勢は、19頁～で既にご紹介した方法で実感してみてください。

しかし、身体が強張る原因はバランスの崩れだけではありません。過去の緊張やトラウマなどによって蓄積された強張りも、身体にはたくさん潜んでいます。

ですから、どれだけバランスを取ったとしても、完全にリラックスできるわけではありません。ですが、その時点において、最もニュートラルな姿勢であることは確かです。

それでもなお残る強張りを、システマのワークによって取り除き、よりリラックスしてバランスの取れた姿勢にしていくのです。

## 「姿勢」と「構え」

やってみれば分かる通り、バランスの取れた姿勢とは何の変哲もない普通の姿勢です。ですから物足りなさを感じる人もいるでしょう。

一般的な武道やスポーツでは様々な構えや姿勢がありますし、競技を行う上でとても大切な基礎となっています。だから苦心して何らかの構えを身につけなければならないと考えても不思議ではありません。

ですがミカエルは次のように語っています。

「構えは動きを束縛してしまいます。動きの線を即座に変えられるようでなければなりません。常にリラックスすること。構えて自分を縛ってはなりません」

このように、システマでは基本的に「構え」は不要なものと考えます。なぜなら人為的に作られたあらゆる構えは、競技のルールなど何らかの目的に最適化された能力と引き換えに、他の能力を犠牲にしてしまうためです。それはいつ何が起こるか分からない状況への備えとしてふさわしくないと考えます。

例えば、短距離走のクラウチングスタートは、前方への爆発的なダッシュ力を得るために設計されています。ですから号砲と同時に前に飛び出すのには有利でも、後方や横にダッシュするのには不向きです。

柔道選手がグッと腰を落として踏ん張るのも、相手に投げられないようにするためです。ジョギングをする時には足を動かしやすいよう腰を上げなくてはいけません。

こうした例からも分かる通り、一部の能力と引き換えに、特定の能力を引き出すのが「構え」の特徴です。その代わりにシステマが重視するのが「姿勢」です。正しい姿勢とは、骨格や筋肉などが果たすべき役割を十分果たせる配置にある状態を指します。

## 理に適った姿勢なら、重さや力みがなくなる

骨格が適正な位置に収まると、体重や外力といった負荷が軽く感じられるようになります。なぜなら特定の筋肉ではなく骨格や靭帯、筋肉などからなる構造体が協調して負荷を受け止めるようになるからです。

野球のバットやテニスのラケットがボールにジャストミートした時、驚くほど手応えが軽かったりするでしょう。それはボールからの外力が筋肉の助けを必要としないほどきれいに骨格に流れたためです。筋肉に負荷がかかっていないのですから、負担を感じることもありません。

このように、骨格の強度が発揮されている時には、筋肉からの感覚は大幅に軽減します。普段、何気なく立っている時に体重をずっしりと感じていることもありません。それは体重を無理なく骨格が受け止めるように、身体が自律的にバランスを取っているためです。

しかし骨格にうまく力が流れなければ、力みもしくは重みといった感覚が生まれま

す。

骨格が受け止めるべき負荷を一部の筋肉が肩代わりすれば、力んだ感覚が生じるでしょう。筋肉が硬直し、新たな骨のようになることによって、身体の構造が崩れるのを防ぐのです。

もう一つの「重さ」は力みとは対極です。これは働くべき筋肉が働かないことで身体の構造が崩れてしまっていることのサインといえるでしょう。重さを感じるのは、固定した点で身体の一部を吊るしたような状態になっているためです。確かに吊るされている部分はくたくたに力が抜けているかもしれませんが、吊るしている部位は固くなっています。つまりゆるんでいる部位とそうでない部位のムラがある時に、重さが感じられるのです。

全身がまんべんなくリラックスすれば、自重や外力はもれなく骨格を通じて地面へと抜けていきます。するとリラックスに伴う重さもまた感じられなくなるのです。

このように姿勢が理想的に保たれている時は、重さや力みといった感覚がなくなります。これを指標にすれば、鏡などを見て外見から姿勢をチェックする必要もなくなるでしょう。

ただ、こうした感覚に頼るトレーニングには大きな難点があります。強張りが常態化してしまっている場合、構造的に理に適った姿勢よりも、歪んだ姿勢の方を楽に感じてしまうのです。それは長い時間をかけて構築した動きのクセにあまりに馴染み過ぎてしまっているためです。

この落とし穴を避けるには、検証が必要です。強度、動きやすさ、持久力が伴っているかどうか、負荷をかけてチェックするのです。その具体的な方法については、本章のエクササイズ編で紹介します。

## 「軸」「重心」「腰の反り」

姿勢について語るとき、しばしば用いられるのが「軸」や「重心」といった概念です。気づいた方もいるかもしれませんが、本書ではこれらについてほとんど触れていません。

これはシステマトレーニング全般に共通する傾向です。実際のクラスでも「軸」や

「重心」について言及されることはほとんどありません。このことについて、ヴラディミア・ヴァシリエフはこのように語っています。

「軸や重心といったものは、リラックスすれば自ずと生まれるものだ。ともかくまずはリラックスが優先で、あえて意識して作る必要はない」

システマのトレーニングが、軸や重心といった概念を踏まえていないわけではありません。もちろん一般的にそういう考え方があり、それなりに有効であることを認めつつ、あえて重視しないという選択をしているのです。

リラックスすれば、軸や重心も含めて全てが自ずとしかるべきところに収まります。だからこそ作為的に作る必要はないと考えるのです。

実際のトレーニングでも、軸や重心を意識し過ぎることで、かえって動きや身体が硬くなってしまうことが多々あります。なぜならそれは流動しようとする身体に静止したモデルを当てはめることになるためです。もちろん、そうやって動きを開拓する道があることを否定するわけではありません。重心が高ければ軽やかな機動性が得られ、低ければどっしりとした安定感が得られます。こうしたごく当たり前の物理法則に従い、その場に応じて変化できるようにするのです。

腰の反りについても同様です。システマでは背骨を反らせたりせず、背骨をまっすぐに保つようにします。

しかし人間の脊椎がもともと描いているS字曲線を無理やり伸ばして、定規を当てたような直線にするわけではありません。背骨には腰を反らせたり、猫背気味にしたりと背骨を曲げてしまうような負荷が慢性的にかかっています。それを取り除くことで、垂れ下がった鎖のように重力に身を委ねた柔らかな背骨を取り戻すようにしていくのです。

## 歩きと姿勢

姿勢を崩す最大の要因は、自分自身です。身体を動かそうとすれば必ずバランスが変化し、筋肉の緊張が生まれます。その全てが姿勢を歪めてしまうのです。そうかといって、行動せずにいるわけにもいきません。ですから姿勢を崩さないように動くためのトレーニングが必要となります。

中でも重要なのは、「歩き」です。人は立った状態で様々な動作をします。力むことなく歩くことができれば、こうした動作の全てが強張りから解放されることになるのです。それは武道、スポーツから日常生活に至るまで、あらゆるシチュエーションに活きてくることでしょう。

「歩く」という動作は、片足ずつ交互に前に運ぶことで行われます。この時、足は、体重を受け止める軸足と、体重のかかっていない遊脚の二つの役割に分かれます（写真1）。これは瞬間的な片足立ちを連続的に行っていると考えることができます。

ですから、要点は二本足で立つ場合と共通します。前後左右に偏ることのない、バランスの取れた姿勢を維持しながら歩くようにするのです。

その時、地面についている軸足の足の裏

写真1

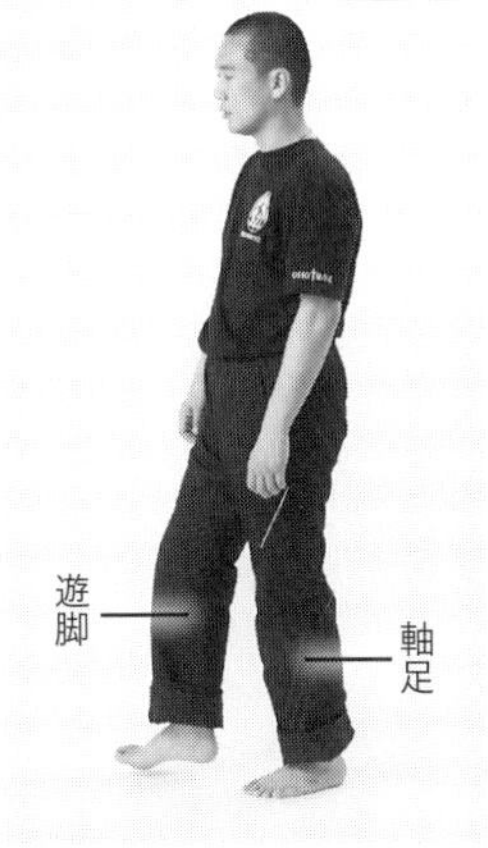

はフラットに着地するようにします。もし膝が突っ張っていれば、踵から突っ込むように着地するような歩き方になっているはずです。ヴラディミアはこうした歩き方を「毎回、地面を蹴飛ばしているようなものだ。衝撃は自分に返り、いずれ身体を壊してしまう」と話しています。膝がリラックスしていれば、軸足が着地した時に膝から下が地面とほぼ垂直になる（写真2）ことでしょう。もし踵が突っ込み気味になっているのであれば、後ろ重心になっていたり、歩幅が広過ぎたりといった原因も考えられます。

逆に爪先から着地したり、爪先側に体重がかかったりしている場合は、姿勢が前かがみになっていたり、歩幅が狭くなり過ぎてしまっているかもしれません。

また、歩きながら頭が左右に揺れる場合は、

写真2

写真3

腰に強張りがある可能性があります（写真3）。足の動きが強張りを通じて背骨へと伝わり、余計な負荷を与えてしまうのです。脚は膝から前に出るように動き、腰はリラックスさせて背骨が揺れてしまうことのないようにします。

このように歩き方の注意点はいくつもありますが、あくまでもリラックスした適切な状態であれば、自ずと最適な歩き方になるということです。足裏がフラットに着地するような歩き方を身体に覚え込ませるような練習は、本末転倒となってしまいます。

こうした歩き方を改善する上でとても有効なのが、バランス感覚を高めるトレーニングです。バランスの崩れは姿勢反射による強張りを生みます。それを軽減するには、バランスを崩さずに済むようバランス感覚を高めるのが効果的なのです。

片足立ちになったり、不安定な足場で立ったり歩いたりするものであれば、何でも構いません。中でもとても手軽で効果的なのは、目を閉じて片足立ちをするトレーニングです。初めのうちはほんの数秒も立っていられないかもしれませんが、ある程度安定してくる頃には、歩き方や日常の動作もかなり変わってくるはずです。

## ●立ち方のチェック

1. 立った状態のAの頭部にBは両手を乗せ、垂直に圧迫します。この時、急激に負荷をかけると首を痛める恐れがあるので、垂直にゆっくりと圧をかけるようにします（写真4）。

2. 背骨の歪みがある場合は、その部位から姿勢が崩れていきます（写真5）。Aは身体のどの部位に負荷が集まっているかよく感じるようにします。

3. 背骨に歪みがない場合、AはBの荷重が足の裏で感じられます。もし背骨が歪んでいたら、足の裏に荷重が伝わるように姿勢を整えてください。負担感なく、足の裏でBの重みを受け止められたら、姿勢が整ったことを意味します。

写真4

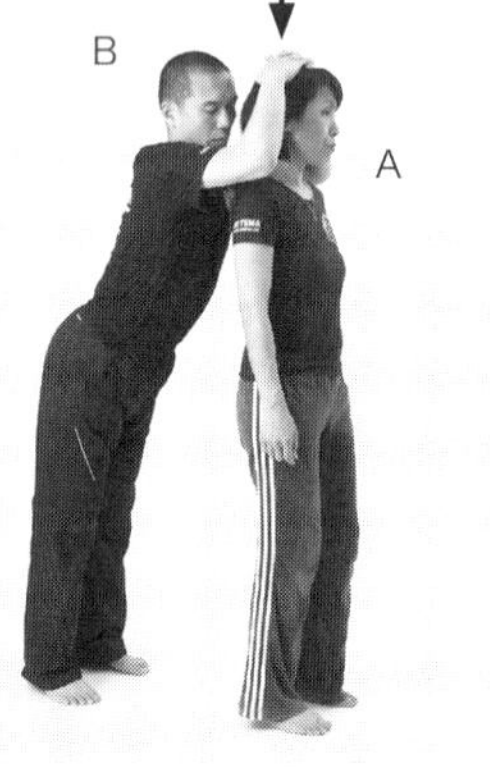


写真5

## ●歩き方のチェック

1. 立ち方のチェックと同じように、AはBに頭から垂直に加重してもらいます。
2. そのまま歩きます。BはAに合わせて歩き、常に加重が垂直になるようにしてください（写真6、7）。
3. もし歩き方に歪みがあれば、その部位で背骨が曲がってしまいます（写真8）。こうした崩れが起こらないように注意しながら歩いてください。

写真6

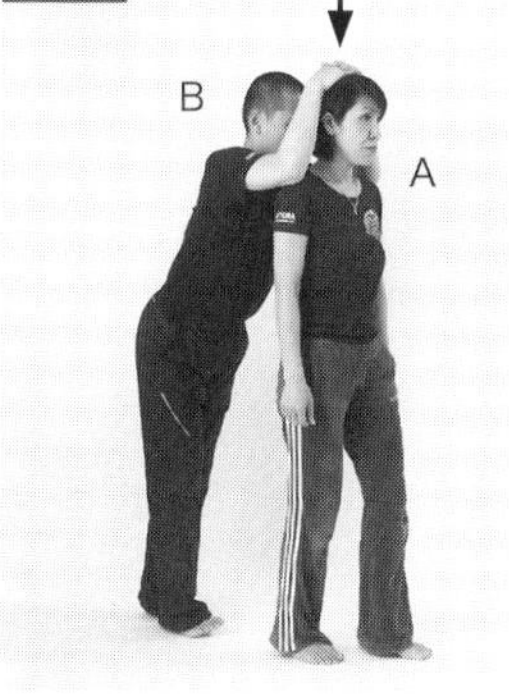


写真7

写真8

## ●プッシュアップのチェック

1. Aはプッシュアップの姿勢になります。
BはAの頭部から足に向けて押します。

2. Aの姿勢が整っていれば背骨が歪むことなく、Bが押した分だけまっすぐ動きます（写真9、10）。もし姿勢に歪みがあれば、その部位から背骨が曲がってしまいます（写真11）。

3. AはBの力がまっすぐ足に抜ける姿勢をキープしながら、上下します（写真12）。Bは常にAの足に向けてまっすぐ力をかけ続けます。
たまに前後に揺らすように押してみるのも良いでしょう。

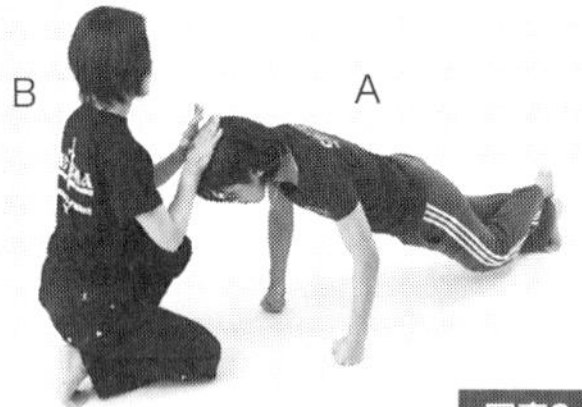

写真9

写真11

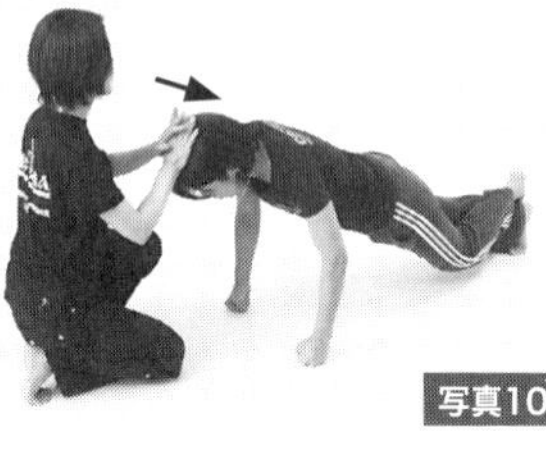
写真10

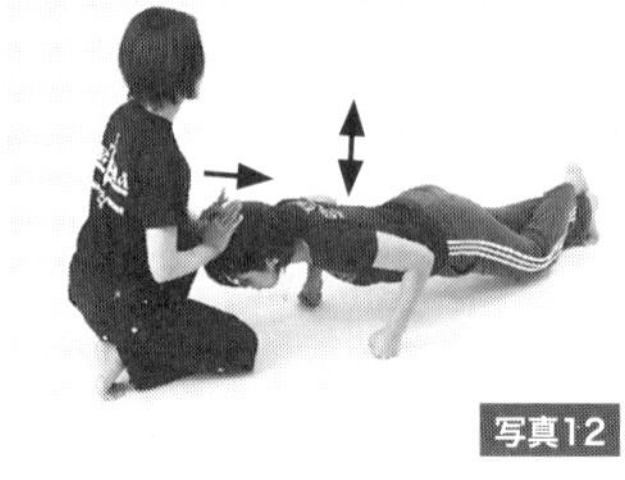
写真12

## ●スクワットのチェック

1. しゃがんだAの両肩にBは手を乗せて垂直に加重します（写真13）。AはBの重さを足の裏で感じるようにします。
2. Aはそのままゆっくりと立ち上がります。姿勢が整っていれば立ち上がることができるでしょう（写真14、15）。
Bはあくまでも肩から垂直に加重し続けます。後ろに引き倒したりなど、故意にAの背骨を曲げるような妨害はしないようにします。

写真13

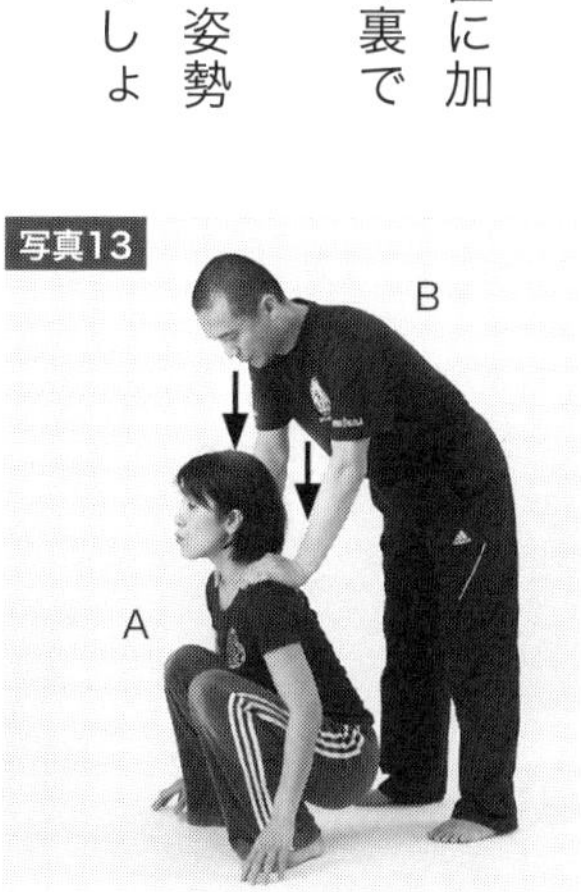


写真14

写真15

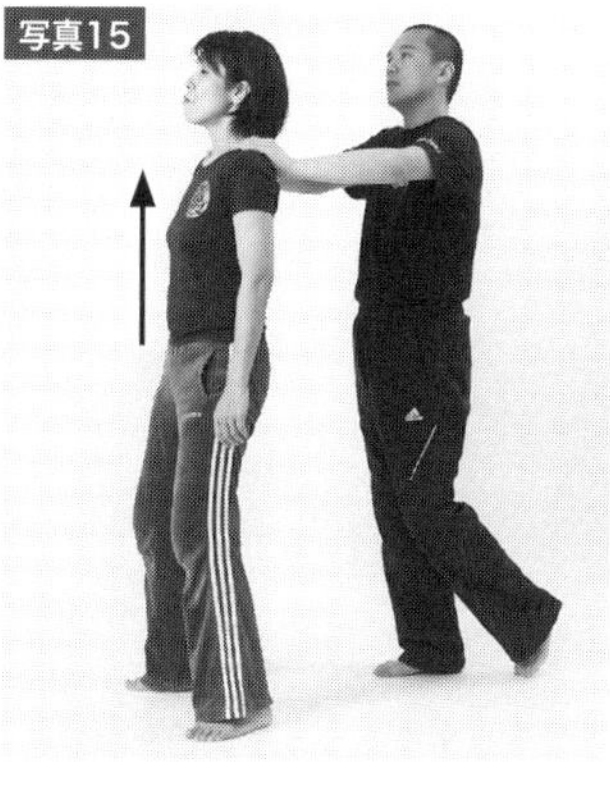

## ●ダックウォーク

背骨の歪みを取るエクササイズとして、ミカエルが勧めているのがダックウォークです。

1．背骨が曲がらないよう注意しつつ、しゃがんだまま歩きます（写真16、17）。

2．尾てい骨が真下に向くようなイメージです。

ダックウォークをする人を背後から観察するのも良いでしょう。その人の身体に潜んでいる歪みが表面化するためです。

写真16

写真17

# 呼吸で姿勢を整える

身体に染み付いてしまった歪みは、自覚することが困難です。ですから快適な状態に整えようとしても、不快感が失われてしまっているため取り除くことが困難です。

だからといって鏡を見たりして姿勢を整えても、歪みを矯正するための新たな強張りが生まれてしまいかねません。

それを改善する方法として、呼吸を用いて姿勢を整える方法があります。

1. 鼻から息を吸いつつ、下腹部を空気でパンパンに満たすようにします。すると背骨が起き上がる感じがするでしょう（写真18）。

2. 骨格が崩れないように注意しつつ、慎重に息を吐いて力を抜きます。骨格は堅守し、姿勢が戻るほど吐かないようにします（写真19）。

3. 今度は、腹部を空気で満たすように息を吸いきります（図1）。同じように背骨が伸びるのを感じたら、その形を維持しつつ息を吐いて身体

写真18

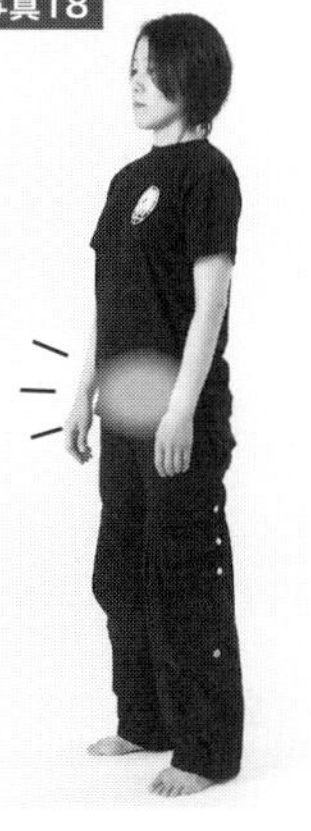

写真19

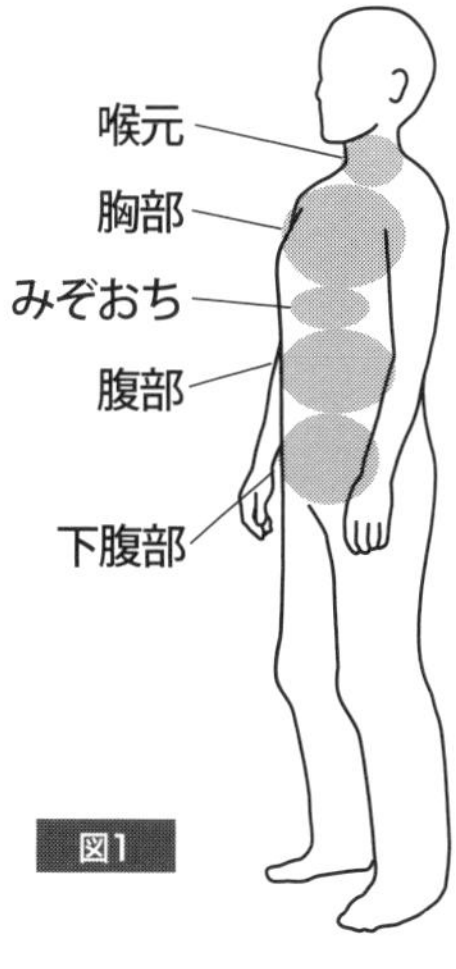


図1

をゆるめます。やはり骨格がうっかりゆるんでしまわないよう、注意します。
4. 同様のことをみぞおち、胸、喉元で行います。常に顔は正面に向けるようにしてください。
5. 全身に息を満たしたら、息を吐きながら全身をリラックスさせます。骨格がゆるんでも構いません。
6. ゆったりしたブリージングを繰り返すことで、呼吸や心拍、身体の緊張などを回復します。できれば座るか、仰向けに横たわるようにすると良いでしょう。

このエクササイズは、息を吸うことで生じる張力を使って姿勢を整えていきます。そうすることで、身体を縮こまらせている緊張をストレッチすることができます。

注意点としては、途中で力を抜き過ぎて、骨格をゆるめてしまわないこと。それと、一時的に血圧が上がるため、血圧が高めの方は避けるか軽めに済ませるようにすることです。日常的にこの姿勢を維持しようとするのも、循環器系に負担がかかってしまうので禁物です。頻度は1日に1回か2回程度に留め、毎回入念な回復を心がけるようにしましょう。

## 背骨のストレッチ — ねじる

このエクササイズでは、背骨に負荷を与える強張りを解消していきます。

1. 仰向けに寝て、身体の正面を通るようにして手を伸ばします。遠くにあるものを取ろうとするような動きです。この時、指先がゆるんでしまわないように気をつけてください（写真20）。

2. 同時に足を爪先から反対側に伸ばしていきます。やはり遠くのものに爪先で触れていくようなイメージです。

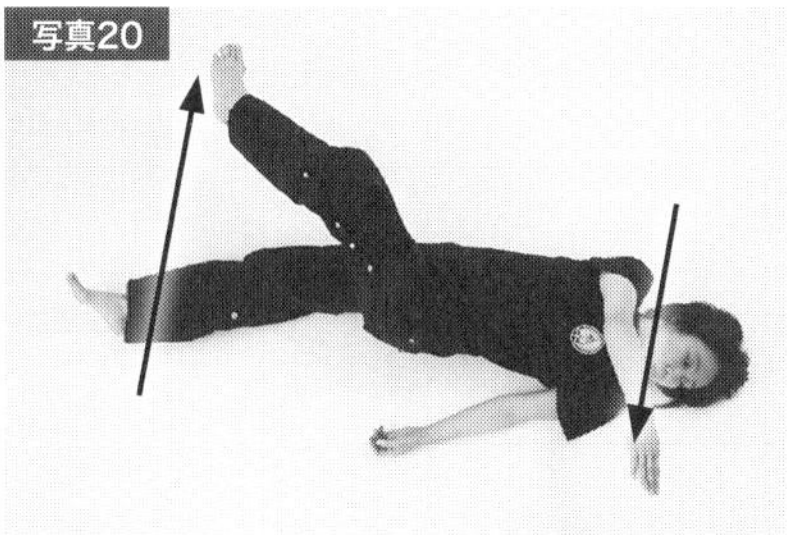
写真20

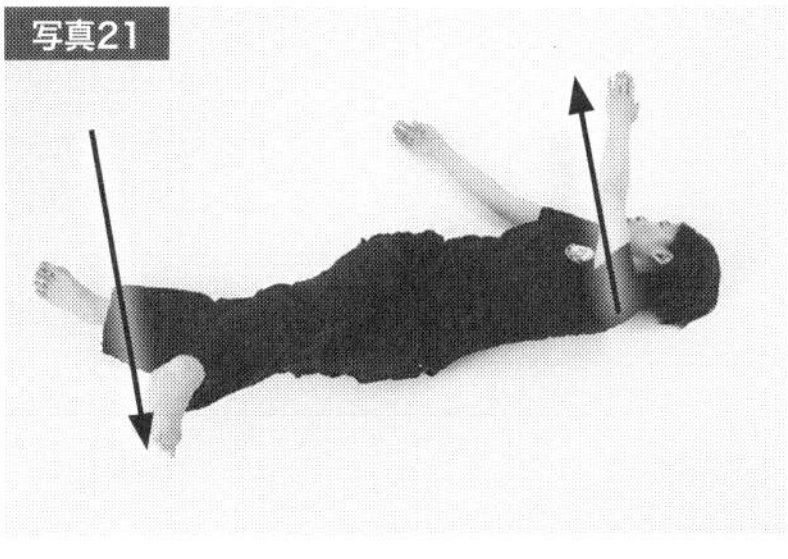
写真21

3.　息を吐きながら手と足を目一杯伸ばしていくと、二つの動きに引っ張られる形で背骨がねじれていきます。
4.　限界まで伸ばしたら力を抜いて、回復します。
5.　これを左右交互に（写真21）、1回〜3回ほど行います。

手足を伸ばす動きを利用することで、背骨を直接力ませることなくストレッチできます。

## 背骨のストレッチ ― 伸ばす

これも、手足を伸ばす動きを使って背骨をストレッチします。

1.　仰向けに寝て、両手を指先から頭上に、両足をかかとから下方へと息を吐きながら伸ばします（写真22）。

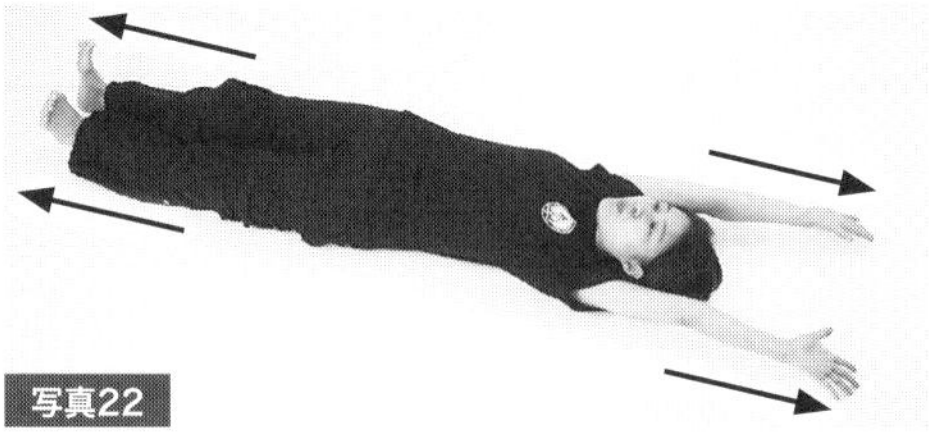
写真22

2. 目一杯伸ばしたら、リラックスして回復します。

これも腰や肩ではなく、あくまでも手足の指先が遠くへと伸びていく力を用いるようにします。末端から動くエクササイズについては、次章「ムーブメント」のエクササイズ編で詳しく紹介していますので、そちらも合わせてご参照ください。

## 片足立ちのトレーニング

バランス感覚を向上させるエクササイズです。中でも最も日常に取り入れやすいものを紹介します。

1. 片足立ちで立ち、目を閉じます（写真23）。
2. 膝でなるべく大きな円を描きます（写真24）。

写真23
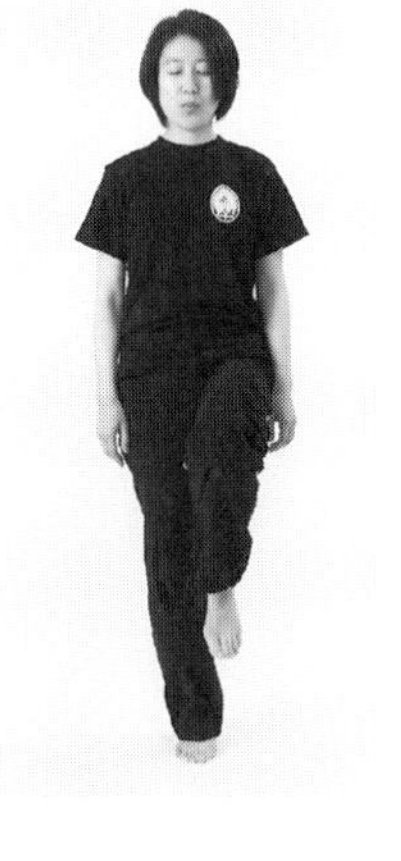

写真24
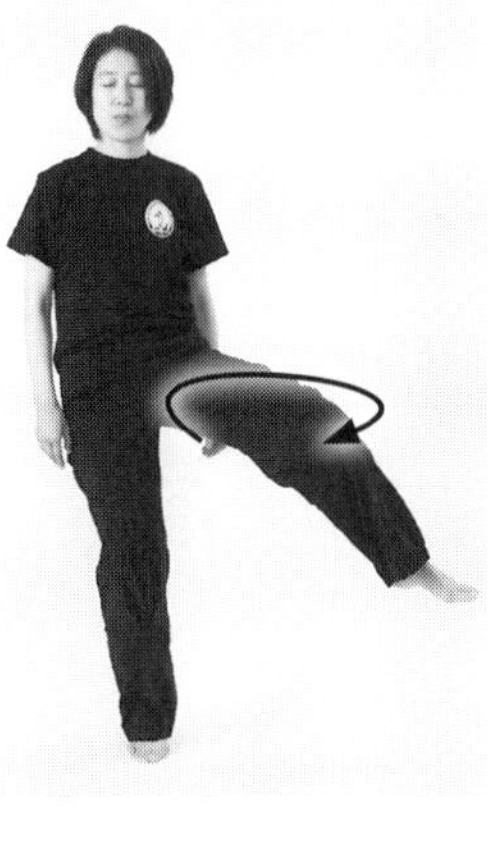

できるだけゆっくり動くのがポイントです。逆回転も同じだけ行います。

この時、両手を広げてバランスを取らないようにしてください。あくまでも両手はだらんと力を抜き、バランスが崩れたらブリージングをして力を抜くようにします。すると、上ずった重心が下がり、より安定しやすくなります。

# 第5章 ムーブメント

# ムーブメントについて

「筋肉の仕組みに従い、自然に動くべきです。自然な動きには、すごい力があるのです」――ミカエル・リャブコ

システマでは、筋肉をリラックスさせるよう要求されます。その理由は過度の緊張は、身体の動きを妨げてしまうためです。だからと言って、だらんとリラックスし過ぎるのもいけません。なぜなら身体が重くなり、やはり動きが鈍くなってしまうためです。つまり、強張りもリラックスのし過ぎも、全く同じ「動きが悪くなるから」という理由で、戒められているのです。

「生きているとは、動いているということ」

「動きを止めることとは、死を意味する」。

システママスター達も、しばしばそう教えています。止まることなく動き続けようというシステマの教えは、万物は流転するという、東洋思想にも通じているような気がします。

本章では、システマではどのように「動き」を解釈して、向上させていくのかに焦点を当てて紹介していきます。

## 神経系に働きかける

身体の動きを分析する際、しばしば注目されるのが骨格や筋肉の動きです。インナーマッスルと呼ばれる体内の筋肉や骨格の配置などによって、身体の動きが大きく変わることは、多方面で実証されています。

しかしミカエルは、「システマのエクササイズは神経を鍛える」と教えています。筋肉や骨格を整えるには、それらを制御する神経系への働きかけが不可欠だからです。ですから、ある程度、神経系についての知識を身につけておくことが近道になります。

まず、本章で扱う「動き」に直結するのは、体性神経系といわれる神経システムです。俗に運動神経と呼ばれるのが、この神経であるといえます。

この神経の働きは、脳を基準にしたインプットとアウトプットの2系統に分類できます。インプットとは、全身の感覚器から脳へと情報を送る働きです。この情報を通じて、脳は自分の姿勢や動きを認識しています。もう一方のアウトプットは、脳から筋肉へと動きの指令を伝える役割を指します。つまり情報のインプットである「感じる」と、指令のアウトプットである「動かす」の二つがワンセットになっているのです。

しかし、何らかの動作を向上させようとする時には、しばしばアウトプットばかりが偏重される傾向があります。頭で考えた動きを身体に無理強いさせてしまうのです。それはもちろん動作を向上させる上で有効なこともありますが、同時に身体に負担をかけて壊してしまったり、あるいは悪い癖がついてしまって上達が頭打ちになってしまったりする可能性を伴います。

こうしたことを避けるために必要なのが、インプットの働きです。自分の身体がどのように動き、どのような状態にあるのか。そうした情報を余すことなく受け取り、分析することによって身体に余計な負担をかけることなく、効率的に動きの精度を向上させられるのです。

## データの蓄積

身体は繰り返した動作を学習します。これはパターン化された動作に限らず、身体の状態にも当てはまります。

身体をリラックスさせるトレーニングを積めば、より速やかに深いリラックス状態になれるようになっていきます。逆に些細なことで興奮するのを繰り返せば、すぐ興奮できるようになっていくことでしょう。

意識的であれ、無意識的であれ、身体は繰り返すことによって、同じことが速やかに確実にできるようになっていくのです。

その鍵となるのが、身体から脳へと送られる情報です。身体を動かせば筋肉が緊張し、姿勢が変化します。身体はその情報を逐一脳へと伝達しています。脳はそのデータを用いて、神経回路を構築するのです。その作業は睡眠時などの休んでいる時に活発に行われます。つまり脳は、トレーニング中、情報収集に努め、休養時に収集した情報を使って動作のプログラムをアップデートさせるのです。

ワープロのブラインドタッチや自転車など、なかなかうまくできなかったことが、ある時突然スムーズにできるようになることがあるでしょう。数学等の勉強でもずっと頭を悩ませていた難問が、急にすらすら解けるようになった経験を持つ人もいるかもしれません。こうしたことが起こるのも、脳が神経回路を構築するメカニズムに関連していると考えられています。

求める動作や状態を学習するプロセスをいかにして効率よく行うか。そのためにできることは、脳にできるだけたくさんのデータを送ることです。つまり、神経回路を構築するための材料を、できるだけたくさん確保するようにするのです。

ですから脳に送られる情報が多いほど、質の高い練習ということになります。練習の質を高めるためのポイントを端的に言い表したのが、「モア・スローリー、モア・ブリージング（もっとゆっくり、もっと呼吸を）」という言葉です。脳へと送られる情報は、身体を意識しながらゆっくりと動くことで、増加します。逆に素早く動いてしまうと、脳に送られる情報は著しく減少します。

なぜなら、脳は動作を「姿勢の連続」としてとらえるからです。ある姿勢から次の姿勢に移るまでの間は、これまでの経験やその動作にかかった所要時間などから途中経過を推測することで動きとして解釈します。静止画を連続させることであたかも動いているかのように見せる、アニメーションのようなものと考えれば良いでしょう。パラパラマンガ程度では動きがギクシャクしてしまいますが、1秒あたりのコマ数が増えれば増えるほど、どんどん動きは滑らかになっていきます。

ゆっくりと動くのは、この1秒あたりのコマ数を増やす作業に似ています。動作の過程で自分がどのような姿勢になっているのかをつぶさに認識し、修正していくことで、姿勢の連続としての動き全体が改善されていくのです。

「実戦では速く動かないといけないのだから、練習もスピードを上げるべきだ」という考えで、スピーディーな練習を重視する考え方もありますが、この観点からすればあまり適切とはいえません。なぜなら、速度を上げることで脳は動作の過程を認識できなくなってしまいます。すると動作の無駄や歪みを修正することができなくなるばかりか、無駄も含めて繰り返すことで動作のクセとして固定してしまうことになるのです。

## 動作が洗練されるプロセス

また、リラックスを心がけることも、動作の洗練に直結します。なぜなら神経回路は力みの多い動きから力みの少ない動きへと、筋肉の緊張をそぎ落としていく形で完成に近づいていくからです。

まず、脳は何らかの動作を身につけようとする時に、使えそうな筋肉を片っぱしから動員します。慣れないことをしようとすると途端にぎごちなくなってしまうのはそのためです。そうやって身体を動かしながら脳は不必要な緊張をピックアップし、少しずつ削ぎ落としていきます。ちょうど木から彫刻を削り出す作業にとても似ています。このプロセスは、とりあえず実用に耐えるレベルになった時点でストップします。

武術家の甲野善紀氏がしばしば用いる例えですが、もし反復練習によってどこまでも上達するのであれば、毎食箸を使う日本人は全員箸の達人になっているはずです。豆を一粒ずつつまむどころか、剣豪小説のように飛んでいる虫を捕まえることすらできるかもしれません。

ですが、現実はそうではありません。日常生活に使えるレベルに達したら、それ以上うまくなることはなくなります。スポーツなどに取り組む人が、初心者を脱したあたりで伸び悩むのも、こうしたことが一因であると考えられます。不自由しない程度のレベルに達した時点で、神経回路のアップデートが止まってしまうのです。

この段階の先に行くには、この動きにはまだまだ削るべき無駄があるということを脳に伝えなくてはなりません。そのために必要なのも「モアスローリー、モアブリージング」です。

なぜならゆっくりと動けば、同じ動作でも難易度が格段に上がります。自転車に乗る時も、スピードを落とすほどバランスが取りにくくなるでしょう。勢いで何とかごまかせてしまっていた動作のアラが表面化するからです。それを丹念に見出しつつ、リラックスを心がけることで無駄な力みをさらに解消していくことができます。

こうして動きが洗練されていけば、動作に伴う姿勢や状態の崩れが最低限に抑えられるようになります。正確さ、スピード、強さ、持久力の全てを損なうことなく、本来の力を万全に発揮できるようになっていくのです。「ゆっくりとできないことが、速くできるわけがない」と言われるゆえんです。

ただ、ゆっくりと動く練習は上達につながる実感が薄く、なおかつカタルシスが得にくいという側面があります。そのためおろそかにされがちなのですが、動きの精度を向上させるという目的合理性で考えれば最も近道です。

しかし、上達ばかりがトレーニングの目的ではありません。爽快感や運動不足解消などトレーニングに励む目的は人それぞれですので、全ての人がそう練習しなくてはいけないわけではありません。目的が異なる人とも一緒にトレーニングができる懐の深さもまた、システマの特徴と言えるでしょう。

## 動作のパーツを増やす

「モアスローリー、モアブリージング」によって神経回路の完成度を高め、動作の精度と身体の状態を向上させていきます。

しかし、ある程度成長した大人の場合には、神経回路が全くのゼロから作られるわけではありません。新たな動作を習得したとしても、実際には既存のパターンの組み合わせだったりします。それは型のないシステマにおいても同様です。予測不能な事態に臨機応変に対応するといっても、ゼロから動きを生み出すわけではありません。トレーニングやそれまでの人生で蓄積したパーツの組み合わせによって、未知の状況に対応する動きを作り上げるのです。

パーツを集めて組み立てる工作のようなものです。ですから対応力を高めるうえで必要なのは、「パーツを増やす」ことと、「パーツを組み立てる力の向上」の二つとなります。

このうち、より重要なのは「パーツを増やす」の方です。なぜならどんなに組み立てが上手でも、パーツがなければパズルを完成させることができません。でもたくさんのパーツがあれば、多少ヘタでもそれなりに組み立てることができるからです。

ここでパーツに当たるのが、先ほど解説した神経回路です。神経回路もまたシンプルな回路の組み合わせで複雑な回路が構成されます。システマでは同じ動作を反復するのはなく、毎回新しいアイディアを出して異なる動きをするようにするのも、できるだけ多くのデータを収集するためです。同じようなワークでも利き手を封じたり、目を閉じたり、環境を変えたりといった変化を加えることによって、新たなデータを蓄積することが可能です。

この中では、ミスすることもとても重要です。なぜならそれもデータとして蓄積され、それを回避するような動きを見出すヒントになるからです。

学生時代などに、何でもスポーツをうまくこなし、「運動神経が良い」と評される人がいたでしょう。こうした人は一般的に、生まれ持ったセンスがあると見なされがちですが、動きのパーツを豊富に持っている人であると考えることもできます。特に幼少期は吸収力が旺盛です。この時期に遊びを通じてたくさんのパーツを貯めておけば、スポーツなどにも適応しやすくなるでしょう。そのため動きのパーツの蓄積は、システマ東京の親子クラスでは特に主要なテーマとなっています。

## 自律神経への影響

ミカエルの「システマのエクササイズは神経に働きかける」という言葉には、もう一つの意味があります。それは動きと感覚を司る体性神経から中枢神経や自律神経に働きかけることができるということです。

　神経は脳と脊髄からなる中枢神経と、体性神経や自律神経といった末梢神経に分けられます（図1）。このうち体性神経は、身体を動かしたり外部の情報を感じたりといった動物性の働きを担います。一方の自律神経が担うのは、心臓の鼓動や身体の修復など、生命を維持する働きです。

　両者の大きな違いとして、体性神経は本人の意思が大きく影響するのに対し、自律神経は本人の意思による影響をほとんど受けないということが挙げられます。腕を曲げたり伸ばしたりといった動作は簡単にできても、同

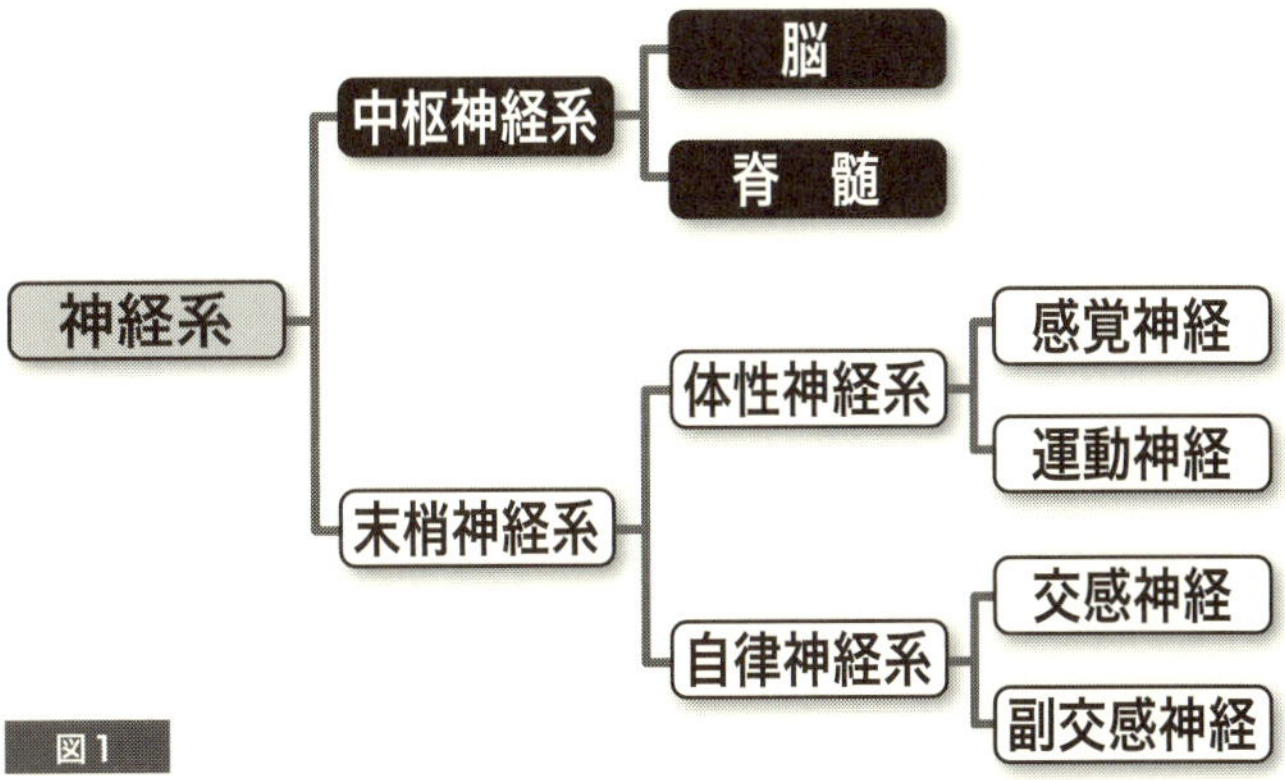


図1

じように心臓の脈拍を増やしたり減らしたりできるわけではありません。それは前者が意思に従って動く体性神経系の領域であるのに対し、後者は意思の関与を受けない自律神経系の領域だからです。

ですが、体性神経と自律神経は中枢神経を通じて繋がっています。これを用いて体性神経から間接的に自律神経をコントロールすることができるのです。

自律神経は活動する時に働く交感神経と、安静時に働く副交感神経の二つがあります。前者は血圧を上げ、心拍数を高め、消化器系を抑制し、意識を冴えさせたりなど活動に適した状態に身体を調整するのに対し、後者は血圧や脈拍を下げ、消化器系を活発にしたり気持ちを鎮めたりといった、身体を休め回復させる働きがあります。つまり緊張と交感神経、リラックスと副交感神経はそれぞれワンセットになっていると考えることができます。

ですからもし筋肉に強張りが蓄積し、ゆるめられなくなれば、ずっと交感神経が興奮した状態が続くことになります。すると夜、寝ようとしても目が冴えてしまって眠れないといったことが起こるでしょう。逆に朝目覚めて、これから出勤するような時にリラクゼーションをやって筋肉をゆるめてしまうと、再び眠くなって働くのに適さない状態になってしまいかねません。

同様のことは動きの速度にも当てはまります。セカセカした素早い動きは交感神経を優位にし、精神的な高揚や緊張をもたらす一方、ゆったりとした緩慢な動きは副交感神経を優位にし、精神的な落ち着きをもたらします。

システマで推奨するゆっくりとした動きの利点は、ここにもあります。行動しながらも取り乱すことなく冷静な精神状態を保てるようになるには、急ぎ過ぎることのない必要最低限の速度で動けるようにするトレーニングが役立つのです。

## グラウンドワーク

身体の動きを開拓する上でとても有効なのが、グラウンドワークです。一般的に倒れた姿勢は手足が使えずに不自由とみなされていますが、実は逆です。なぜなら頭が上で足が下という位置関係から解放されるため、動きの自由度が格段に増すのです。

また、立ったり座ったりといった動作が大半を占める日常生活では、寝転がった状態の動きはほとんど使われません。そのため、立って行う動きに比べて未開拓の動きが豊富にあるのです。

実際にマーシャルアーツにおいても、立ち技の練習ばかりではグラウンドワークがうまくなることはあまりありませんが、逆は成立します。グラウンドワークによって培われた幅広い動きは、立ち技もまたより豊かなものにしてくれるのです。

本書では、ローリング（回転受け身）とクローリング（這うエクササイズ）をいくつか紹介します。体幹を柔らかくし、四肢の動きを引き出すうえでとても役立ちますので、ぜひトライしてみてください。

## 「正しい動き」はできるのか？

動きのクオリティを高めようとする以上、おそらく多くの人が「正しい動き」を求めることでしょう。トレーニング中にもなかなか正しい動きができずに、ため息をついてしまうこともあるかもしれません。

しかし、トレーニングを行うにあたって踏まえておきたいのは、正しい動きをすることは永遠にできないということです。しばしば「正しい動きを反復することで、身体に染み込ませる」という考え方がありますが、ここには大きな矛盾があります。そもそも最初から正しい動きができるなら、反復練習をする必要などないはずなのです。

正しい動きとは何でしょう。便宜上、正しい動き、正しい姿勢といった言葉が用いられることもありますが、それを自ら行うことはできません。なぜなら正しい動きとは、無駄な力みを取り除いた結果、最後に残るものだからです。

しかし、第3章「テンションとリラックス」で述べた通り、生きている限り緊張を完全に取り除くことはできません。もしできたとしたら、あるいはそう判断したとしたら、その人はそこから先に成長することはできないことを意味します。

永遠に強張りを解消できない以上、正しい動きをすることもできません。上級者がどれだけ上手に動いているように見えても、そこには無数のミスが潜んでいるのです。

唯一、力みなく動くことのできるのは生まれたての赤ん坊です。それ以外の人は全て溜め込んでしまった強張りを取り除くことで、赤ん坊へと近づいていかなくてはいけません。その意味では初心者も上級者も皆、同列といえるでしょう。

ですから本書で紹介するエクササイズや、実際にシステマのクラスに参加して指示されたドリルがうまくできなくても気に病む必要はありません。完全に正しくできる人は誰一人いないからです。むしろ見つけたミスの全てがデータとなって、動きを向上させる糧となります。ミスを避けて萎縮するくらいなら、ミスを犯してそれを糧にしつつ動き続けた方がずっとプラスになるのです。

## 動作での力みを削ぎ落とすエクササイズ

動作を改善するポイントは、動作にどのような力みが伴うのかを入念に洗い出し、そぎ落としていくことです。そのためのエクササイズとして、次のようなものがあります。

## ●ノーテンションムーブメント

・腕

1. 仰向けになり、一切筋肉を強張らせることなく、床に置いたまま手を動かします（写真1、2）。

2. 床の上で力みなく動かせたら、徐々に床から腕を離していきます（写真3、4）。少しでも力みが生まれたら、一旦、力を抜いてやり直します。指先から見えない糸で吊られるようにすると良いでしょう。

・首

1. 仰向けになり、一切緊張をさせないよ

写真1

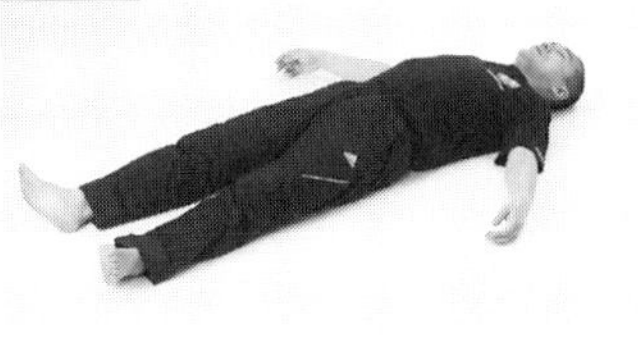

写真2

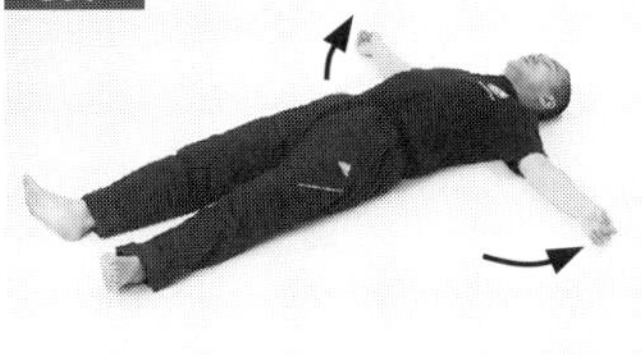

写真3

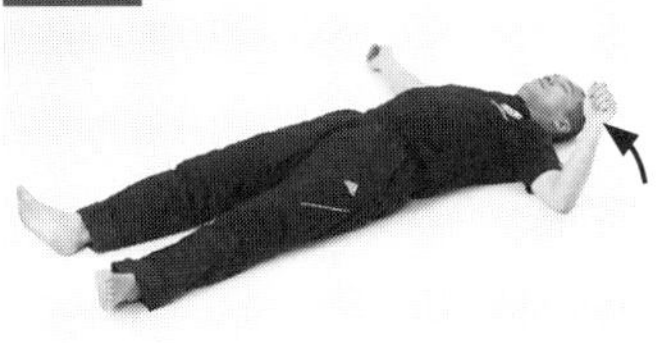

写真4

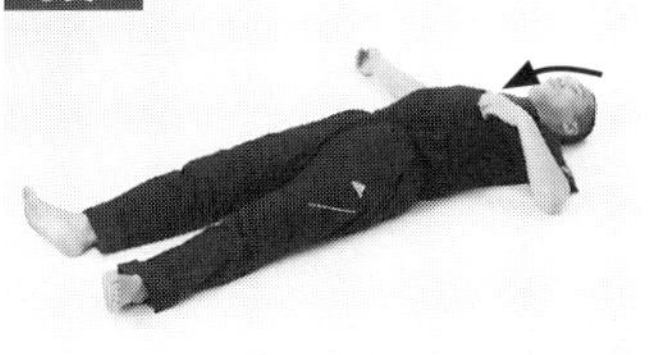

うに注意しつつ、頭を上下左右に向けます。床から頭を離さないようにしてください（写真5〜8）。

写真5

写真6

写真7

写真8

2. 首を力ませることなく動かせたら、徐々に顔を上げます。やはり首や肩、背中などが一切力まないよう、注意深く行います（写真9）。

写真9

・座る

1. 仰向けから一切緊張を作ることなく、うつ伏せになります（写真10～13）。
2. うつ伏せになることで生じた強張りや状態の変化を探り、元の状態に回復します。
3. やはり力みを作らないよう細心の注意を払いながら、座ります（写真14～17）。写真はあくまでも参考です。力みを作らずに済む動きを、自分なりに探してみてください。
3. 起き上がることで生じ

写真10

写真11

写真12

写真13

写真14

写真15

写真16

写真17
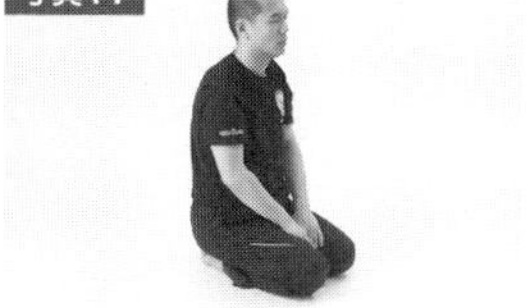

た強張りや状態の変化を探り、元の状態に回復します。

・立つ

1．座った姿勢から、力みを作らないよう注意しながらゆっくりと立ち上がります（写真18〜23）。

2．立つことで生じた強張りや状態の変化を探り、元の状態に回復します。

## ●スロームーブメント

最低限の力みで立ち上がったら、新たな力みを作らないよう注意しつつ歩いていきます。

写真18

写真19

写真20

写真21

写真22

写真23

・歩く

1. バランスの取れた姿勢で立ち、リラックスします。

2. できるだけゆっくりと歩きます。バランスを維持し、全身いずれの部位も同じスピードを維持します。浮いている足（遊脚）が、サッと早く動いてしまわないように注意してください（写真24～27）。

3. ブリージングを切らさないようにします。バーストブリージングを用いるのも良いでしょう。呼吸だけはテンポを早めても構いません。

後ろ歩きや方向転換など、さまざまな歩き方を交えてみてください。

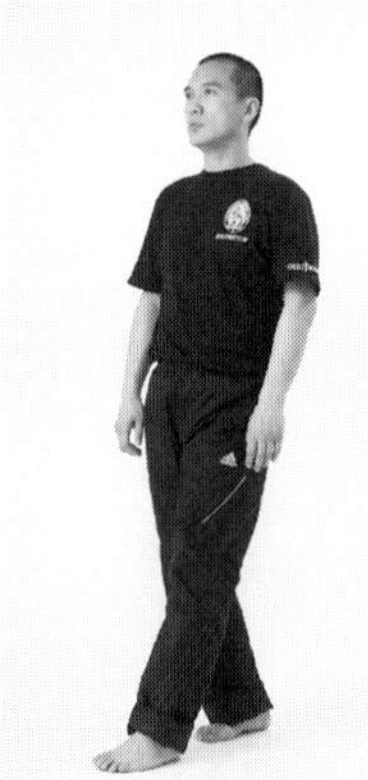
写真24

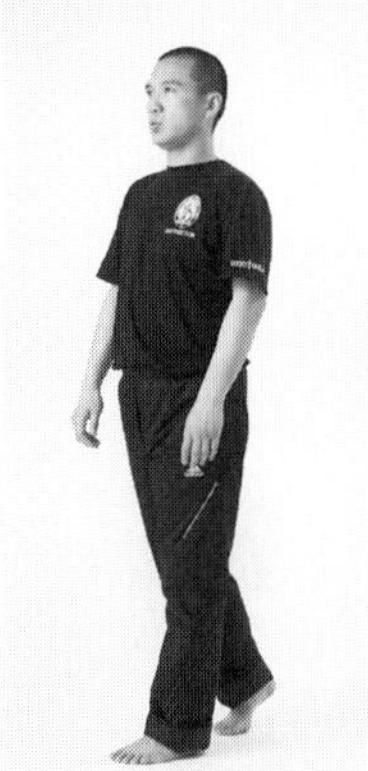
写真25

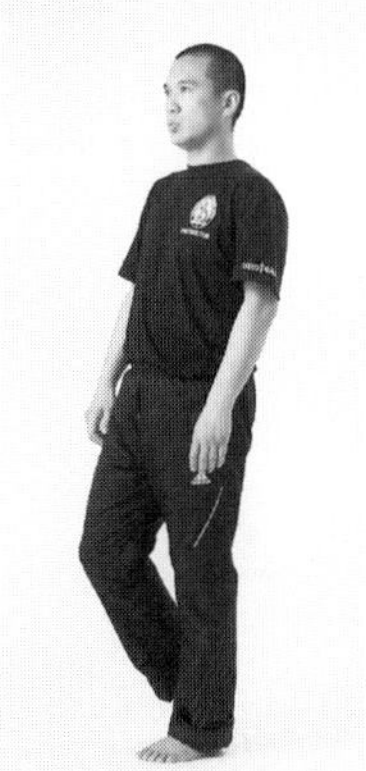
写真26

写真27

同様にゆっくりと椅子に座ったり、物を持ち上げたりと日常動作のあらゆる動作に応用しても良いでしょう。ラケットの素振りや投げる際のフォームなどに当てはめれば、スポーツや武道などの練習にも役立ちます。

## ●グラウンドワーク

・バックロール

1. 片腕を横に伸ばし、頭を反対側に傾けながら座った状態から後方に転がります。この時、左右いずれかに身体をわずかに傾け、背骨が床に当たらないようにします（写真28）。

2. 倒れた勢いで逆さまになります。肩と首の後ろで身体を支えます（写真29）。

写真28

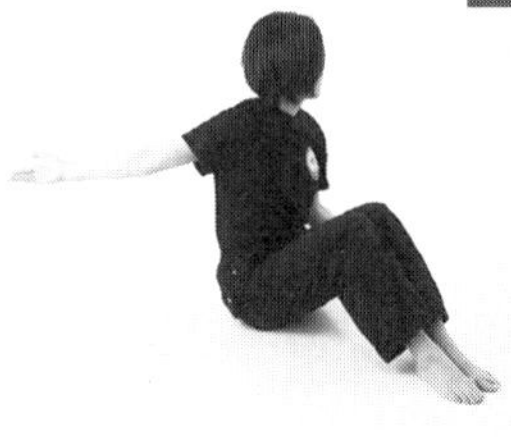

写真29

3. そのまま足の方向に倒れます。足の重さを使うようにすると、力みなく動くことができます（写真30～32）。

・フロントロール

1. 座った状態から腕を伸ばし、腕と反対側に首を曲げながら身体を前に倒します（写真33～35）。
2. 瞬間的に、バックロールの2と同じ姿勢になります。
3. 背中の方向に倒れます。やはり背骨を床に打ち付けないよう注意します（写真36、37）。

写真30

写真31

写真32

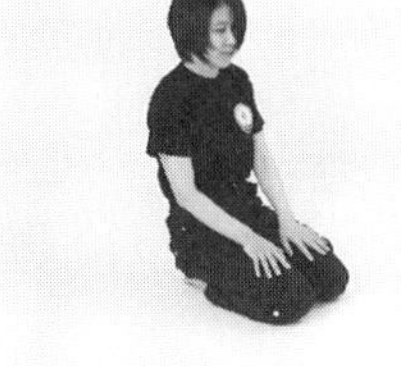

写真33

写真34

写真35

写真36

写真37

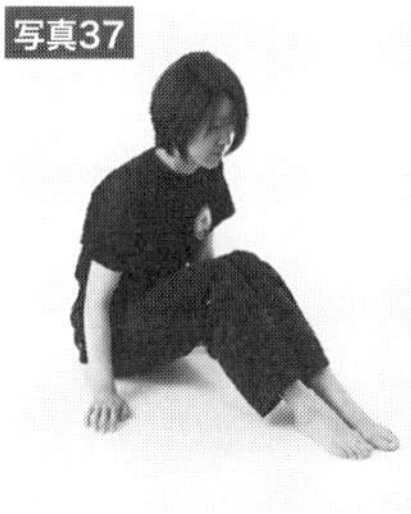

・サイドロール

1. 座った姿勢から横に倒れます（写真38〜40）。
2. バックロールの2と同じ姿勢になります（写真41）。
3. そのまま反対側に倒れていきます。一連の動きを通じて背中を床につけないように注意をしてください（写真42、43）。

・ローリングのエクササイズ

1. うつ伏せになり、両手を左右に広げます（写真44）。
2. 両手の位置を変えないように注意しつつ、腰を持ち上げます（写真45）。

写真38

写真39

写真40

写真41

写真42

写真43

写真44

写真45

3. そのまま腰を背中側に下ろして仰向けになります（写真46〜49）。手のひらの向きは変わりますが、位置は移動させません。

写真46

写真47

写真48

写真49

4. 足を頭の方向に伸ばしていきます（写真50）。

5. バックロールして1の姿勢に戻ります（写真51、52）。

写真50

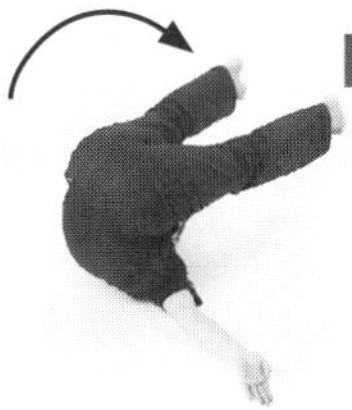

写真51

写真52

・クローリング各種

体幹を柔らかく使い、手足を使わずに這って移動します。

うつ伏せで這う。前方、後方、左右の４方向に（写真53、54）。

仰向けで這う。前方、後方、左右の４方向に（写真55、56）。

横向きで這う。前方、後方、左右の４方向に（写真57、58）。

写真53

写真54

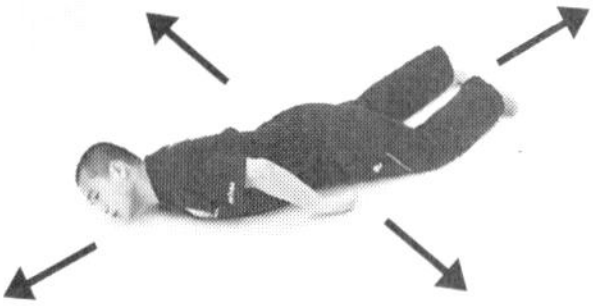

写真55

写真56

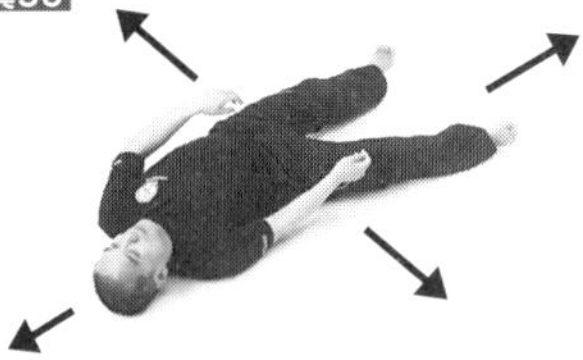

写真57

写真58

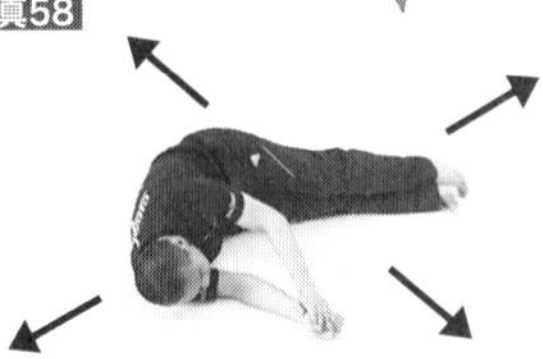

# 第6章 コンタクトとコネクト

SYSTEMA BODYWORK

# マーシャルアーツは即ヒーリングとなる

ミカエルのパンチは「敵すら癒やす」と言われています。殺意を抱く敵を癒やし、身も心もリラックスさせてしまえば、争いは消えてしまいます。

システマにおいてヒーリングとマーシャルアーツは即ヒーリングとなります。これら二つを別個のものとして学ぶわけではありません。ヒーリングとは他者の強張りをほぐしてあげる技術。対してマーシャルアーツは他者の緊張を利用して制圧する技術。つまりどちらも強張りに働きかけ、コントロールするという意味では同じなのです。

これともう一つ、マーシャルアーツとヒーリングの共通点があります。それは必ず他者との接触が伴うということです。人が人に触れる時、その触れ方によって相手の反応は大きく異なります。一瞬で気分を害することもできれば、心を開かせることもできるでしょう。そのため、他者との接触はシステマにおいて大きなテーマとなるのです。

## 「コンタクト」と「コネクト」

システマのトレーニングでは、他者との接触について「コンタクト」と「コネクト」という二つの言葉が用いられます。これらはしばしば混同されがちですが、本書では相手との接触をコンタクト、接触を通じて何らかの働きかけを行うことをコネクトと呼ぶことにします。

この二つのうち、人と人が何らかの関係を持つ時にまず生まれるのが、コンタクトです。そこでは相手を緊張させることなく触れられるようになることが求められます。もし相手を緊張させてしまうような触れ方であれば、マッサージをしても逆効果になりますし、マーシャルアーツであれば相手の敵意を煽ることになるでしょう。

そして緊張には、人から人へと伝播する性質があります。ですから相手を緊張させないためには、まず自らがリラックスする必要があるのです。

もし緊張していれば、人に触れた際にガツッとした突発的で硬い感触になってしまいます。人は突然の轟音、突然の光など、前触れのない瞬間的な強い刺激に対して、反射的に身体を緊張させます。そうやって一度硬くなってしまえば警戒心が残り、そこからリラックスさせるのは困難となってしまいます。しかし、リラックスした手は柔らかく重い感触となり、相手を緊張させずに済むのです。

また、強張りが蓄積した人ほど、わずかな刺激で過剰に反応する傾向があります。同じ物音でも、飛び上がらんばかりに驚く人と落ち着いていられる人がいるでしょう。その違いをもたらすのも身体の強張りです。ですから強張っている人ほど、入念にリラックスした上でコンタクトする必要があるのです。

## マッサージが持つ4つの意味

他者との接触について学ぶ上で、最も適しているのがマッサージです。その役割として次のようなものが挙げられます。

1. 筋肉のストレッチ

筋肉を圧迫すると筋繊維が伸ばされます。そのため揉みほぐすことで、ストレッチ運動とほぼ同じ効果が生まれます。

これは縮こまった筋肉を伸ばし、身体の動きを回復するのが目的です。ですからかえって緊張させてしまうようでは逆効果です。筋肉を緊張させるのは、鋭い刺激です。こうした反射を起こさないよう、柔らかく重い圧力をゆっくりと繰り返すようにします。

ただ、じっくりとほぐして筋肉がゆるみきった状態は、すぐ運動するのに適していません。マッサージ後に数分間休み、元の状態に回復してから行動を開始すると良いでしょう。

2. 循環の促進

静脈血とリンパ液は、筋肉の運動がもたらす圧力によって循環します。そのため運動不足だったり、筋肉が強張っていたりすると古い血液が鬱滞し、組織の新陳代謝を妨げてしまいます。マッサージにはこうした体液を心臓へと押し流し、循環をサポートする意味合いがあります。

1と2については、一般的に言われるマッサージの役割とほぼ同等と言えるでしょう。

## 3．緊張の自覚

リラックスとは、強張りを自覚することから始まります。これは同時に、強張りを自覚できなければリラックスできないことを意味します。しかし、思わぬところに潜んだ強張りを自力で見つけるのは困難です。しかし、マッサージを受ければ、そうした緊張に気づくのが容易になります。

つまり一方的に受けるのではなく、互いに協力して身体をゆるめていく共同作業なのです。これが上達すると、誰のマッサージを受けても高い効果を得られるようになります。

ミカエル・リャブコもマッサージが大好きですが、ただ身を任せるのではありません。マッサージをする手に呼吸を合わせることで、奥の方までゆるめていくのです。するとマッサージをしている側までもが巻き込まれるようにして、一緒にゆるんでしまいます。おそらくその感触を通じて何かが伝わるのでしょう。ミカエルをマッサージすると、マッサージした側が格段に上達するという不思議な現象が起こります。

4．対人恐怖の解消

これがシステマ式マッサージの一番の特徴といえるかもしれません。
他者に対する恐怖心が強過ぎると、面と向かっただけで緊張し、身体の動きがぎこちなくなります。それではマーシャルアーツ以前に、日常生活にも支障を来してしまうことでしょう。

しかし、人は誰であれ多少の対人恐怖を抱えています。それを自覚し、飲み込まれないようにするには、他者との身体的な接触が有効です。触れ合う経験を積むことで、他者に対する心の壁をほぐしていくのです。

システマのクラスでは、マーシャルアーツのドリルに取り組む前に入念なマッサージを行うことがあります。それもやはり恐怖心を緩和することで、攻撃に対して落ち着いて対処できるようにするためです。

## コネクトとノンコンタクト

マッサージをする側は、触れた手や足から相手の強張りを細やかに感じ取ることで、適切な重さ、角度の圧力を加えていきます。

触れる瞬間がコンタクトであるのに対して、触れてから相手を感じ、働きかけるプロセスを「コネクト」と分けることができます。どれだけ丁寧にコンタクトしたとしても、力のかけ方が間違っていれば効果を出すことができません。また必要な部位に必要なだけ力を伝えることができれば、高い効果を出すことができるでしょう。

マーシャルアーツでも、軽くポンと打つだけで効く打撃があれば、力一杯叩いているように見えて全く効かない打撃もあります。こうした違いを生むのがコネクトなのです。

物理的なコネクトについての理解を深めるには、体内を伝わる力の感覚を明確に感じ取れるようにする必要があります。これについてはエクササイズ編で紹介するドリルとともに解説していきますので、そちらをご参照ください。

また、この章のテーマであるコンタクトとコネクトは、ともに物理的な接触がない状態でも行われています。システマで「ノンコンタクトワーク」と呼ばれる技法がそれです。本書のテーマから微妙に逸れるので詳しい説明は省きますが、別に特殊なものではありません。混雑する街中で行き交う人とさっとすれ違う動きや、困っている人へのさりげない気遣いなど、言葉を交わさず、触れ合うこともなく行われている全てのコミュニケーションが、ノンコンタクトワークなのです。

ミカエルは、普段の生活の中に上達のヒントはいくらでもあると言っています。自身も子息のダニールが生まれた頃、その動きからかなり多くのことを学んだそうです。ノンコンタクトワークはもちろん、コンタクトやコネクト、それ以前に紹介したものも含めて全て、日常生活の中で学びを深めていくことが可能です。あまりにありきたりで見過ごしているものの中に、学びが潜んでいるのです。本書を読み終えたら、そういう視点で自分自身や周囲を観察してみるのも良いでしょう。おそらく、色々な発見があるはずです。

## システマ式マッサージ

システマのクラスでしばしば行われるマッサージを紹介します。呼吸による柔らかな接触を心がけるようにしてください。いずれも相手の身体の上に乗りますが、体重のみを利用し、足の力で踏みつけたりしないようにします。もちろん、マットを敷いたりしても良いでしょう。

### ●踏み方の基本

足の裏全体に均等に体重がかかるようにします（写真1）。つま先や踵といった一点に力をかけないようにしてください。

### ●背中を踏む

1. 踵を土踏まずにフィットさせるようにして乗せ、左右交互にゆっくりと圧迫します（写真2）。

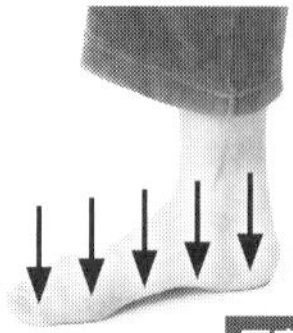

写真1

写真2

2. ふくらはぎを踏みます（写真3）。筋肉を脇にずらすようにしつつ体重をかけることで、骨を直接圧迫しないようにします。骨を圧迫すると膝の骨が床に押し付けられてマッサージとは無関係な苦痛を与えてしまうことになります。ふくらはぎと足を水平にし、交差させないようにします。交差させると狭い部位に圧力が集中し、痛みが強くなり過ぎてしまうためです。

踏み方は、ふくらはぎの中に溜まっている古い血液を心臓に向けて送り出すようなイメージです。また、ふくらはぎには精神的なストレスが反映されるので、人によってはかなり強い痛みを感じることがあります。そのため慎重にゆっくりと踏むようにしてください。

3. 太ももを踏みます。ふくらはぎほど負荷がかかりません。そのため壁に手をつくなどしてバランスを保った上で、両足で乗るのも良いでしょう（写真4）。やは

写真3

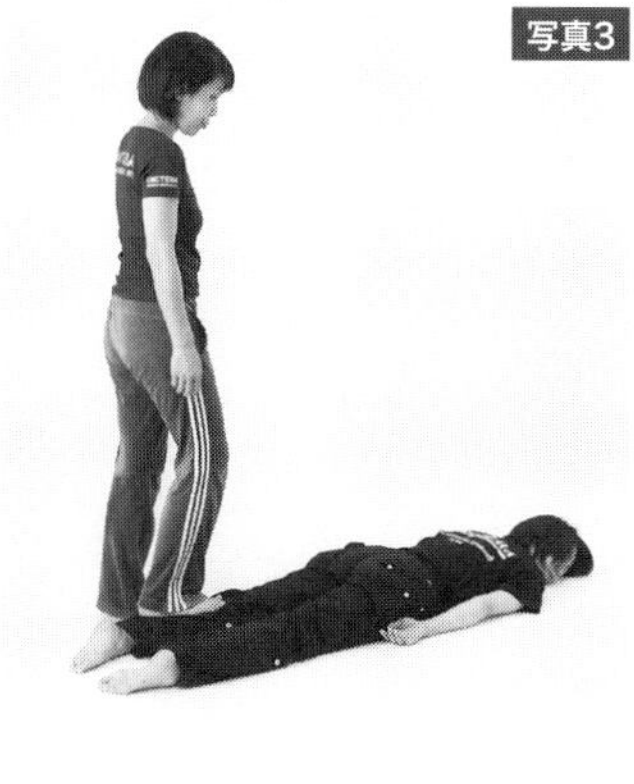

写真4

り骨の上は避け、筋肉を脇にずらすようにして、古い血を心臓に押し戻すつもりで踏んでいきます。

4. 臀部を踏みます（写真5）。逆八の字になるように足を置き、足踏みをするように左右交互に圧力をかけつつ、徐々に仙骨の方へと進んでいきます。

5. 背中を踏みます。左右交互に、足の位置をずらしながらゆっくりと踏んでいきます。骨盤、背中の順でゆっくりと足を乗せるようにしてください。相手の顔が向いている方向を向くようにします（写真6）。相手の表情が常に見えるようにするためです。胸椎に乗せる足は、ちょうど土踏まずのアーチが背骨の真上にくるようにします。腰椎の部分（骨盤のすぐ上にある肋骨が生えていない五つの椎骨）には足を乗せないように気をつけます。

こうしてある程度もみほぐしたら、みぞおちの裏側に

写真5

写真6

ある背中の盛り上がった部分に乗るのも良いでしょう。横隔膜が圧迫されて呼吸しにくくなるので、相手の表情をよく観察し、無理をさせ過ぎないようにしてください。

もし、杖を使ったり壁に手をついたりしてもぐらつく時は、片足ずつ踏んでも構いません。

6. 肩甲骨から肩にかけて踏みます（写真7）。背骨に近い部位から始め、肩甲骨を左右に広げるように左右交互に踏み、徐々に腕の方へ進んでいきます。肩甲骨の周囲に蓄積しがちな強張りをゆるめていきます。立ってバランスを維持するのが難しければ、片方ずつ片足でマッサージしても構いません（写真8）。

写真8

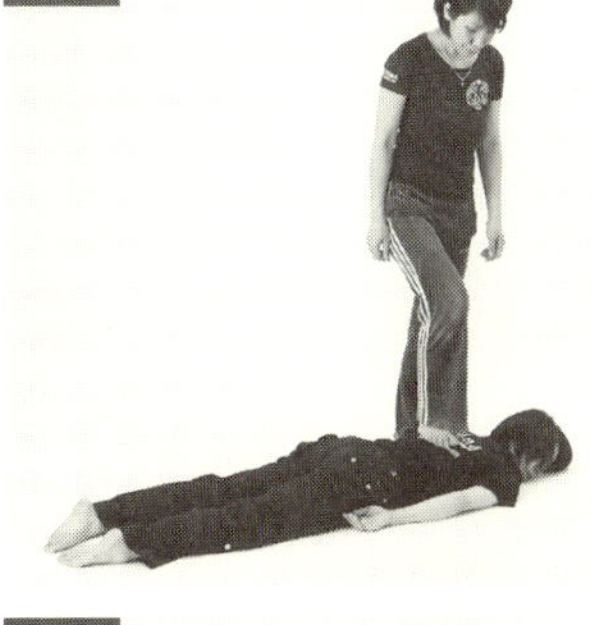

写真7

写真9

7. 上腕から前腕、手のひらにかけて踏んでいきます（写真9）。肘や手首といった関節部には足を乗せないようにします。またふくらはぎなどと同じく筋肉をずらし、骨に直接加重しないようにします。これを片腕ずつ行います。

## ●ふくらはぎのマッサージ

ふくらはぎは、ストレスが溜まる部位とされています。身体の最も土台に近い部位であると同時に、首や腰の強張りとも繋がっているので、念入りにほぐすようにします。

ここのほぐし方は大まかに2種類あります。

・基本的な方法

壁に向けて膝立ちになった人のふくらはぎを踏んでいきます。膝を守るため下にマットやタオルを敷いても良いでしょう。

まずは軽く足の裏で揺すってほぐし、徐々に加重するようにします。足の裏全体を使い、毎回足の位置をずらすことで、ふくらはぎ全体をまんべんなく踏んでいくようにします。

A. 循環とリラックスを優先する場合

ふくらはぎの上と平行にして足を乗せます。足の裏全体でフラットに加重し、ふくらはぎに溜まった血液を送り出すようにしてマッサージします。骨に直接加重しないよう、筋肉を脇にずらすようにします（写真10）。主に初心者向けです。

B. ストレス耐性の向上を優先する場合

ふくらはぎの強張りに対して、重点的に加重するようにします。時に鋭く圧迫しても良いでしょう。こうすると苦痛が大きくなるため、より深い呼吸を促すことができます。ただ、人によってはかなりの痛みを感じるため、相手の様子を観察しながら無理させ過ぎないよう慎重に負荷を調整する必要があります（写真11）。ある程度ブリージングの練習を積んだ人にやるようにしましょう。

写真10

写真11

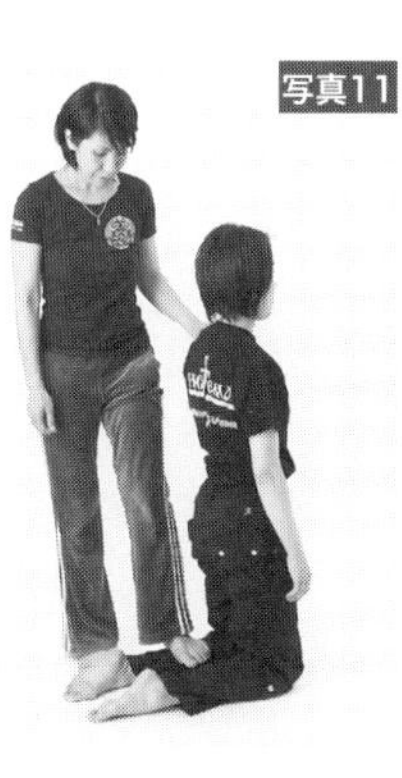

ふくらはぎは、次のようなやり方で側面からもマッサージできます。
・内側からのマッサージ(写真12)。
・外側からのマッサージ(写真13)。

写真12
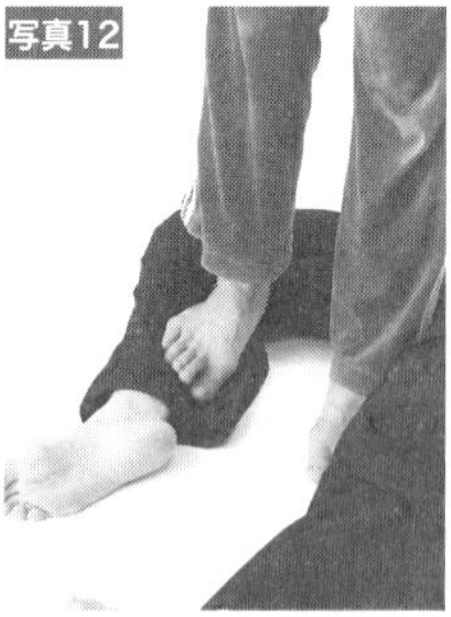

写真13

・太もものマッサージ
ふくらはぎと同様に、太ももももマッサージすることができます。
特に内股の鼠径部から膝にかけてのラインは強張りが蓄積しやすいので、丹念にほぐすようにします。やはり人によっては強い苦痛を感じることがあるので、呼吸しつつゆっくりと慎重に加重するようにしましょう。その他の注意点は背中やふくらはぎを踏む時と同様です。
・内側へのマッサージ(写真14)。

・外側へのマッサージ（写真15）。

## ●腹部のマッサージ

日常生活に最も取り入れやすく、かつ効果的なのが腹部へのマッサージです。

腹部は自分の手でまんべんなくほぐすことができるばかりか、全身の強張りが反映されています。つまり腹部を柔らかくすることで、全身をゆるめる助けになるのです。

腹部全体をまんべんなくゆるめれば良いのですが、特にみぞおち、肋骨沿い、骨盤沿いは強張りが蓄積しがちです。特に腰痛を持っている人は下腹部が強張っていることが多いので、心当たりのある人は丹念にほぐすことをお勧めします。

写真14

写真15
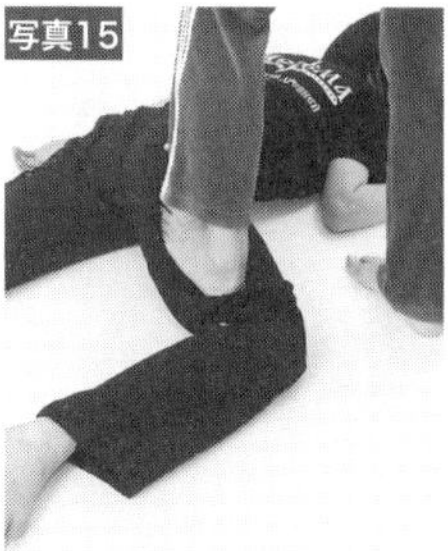

・二人でやる場合

拳や揃えた指などでやると良いでしょう（次頁写真16）。息を吐くのに合わせてプレッシャーをかけていくと、奥に届かせやすくなります。腹部はデリケートなので、念入りにリラックスするようにします。

・一人でやる場合

仰向けになり、揃えた指をお腹に差し入れるようにしてほぐしていきます（写真17）。息を吐きながら圧力をかけるようにすると良いでしょう。

腹部が硬くて指が入らない場合、もしくはより深い部位をほぐしたい場合は膝を立てるようにします。腹直筋がゆるみ、内部にアプローチしやすくなります。

写真16

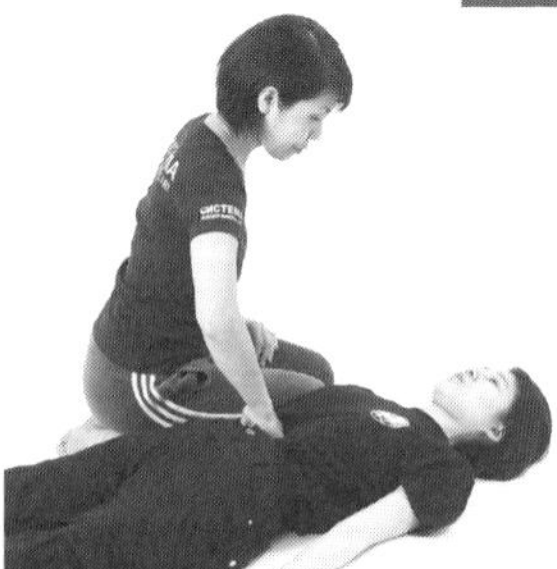

写真17

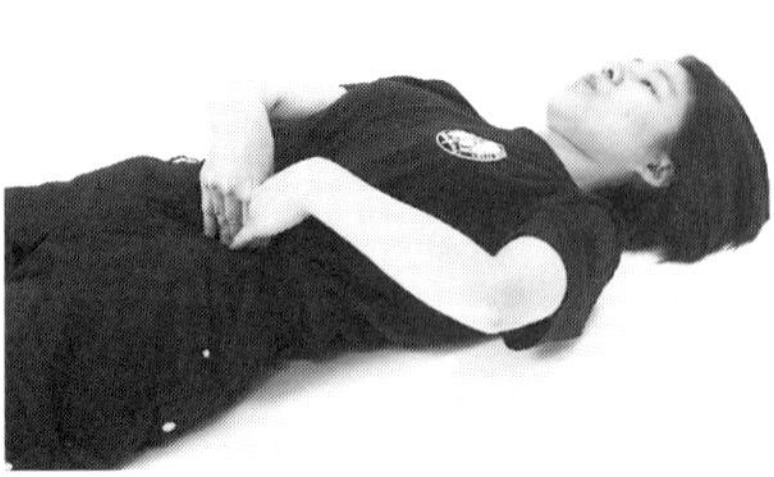

# コネクトのエクササイズ

コネクトの精度を高めるには、力が伝わる感覚をつかむ必要があります。そのためのドリルとして、次のようなものがあります。

## ●コネクトのワーク「波を伝える」

1. Aが仰向けで寝ます。
2. BはAの身体を揺すります。両肩や足、体側などから全身を揺するようにすると良いでしょう（写真18〜20）。
3. Aは揺すられながら、Bからの波が自分の身体をどのように通っていくかを味わいます。Bもまた、自分の伝えた波がAの身体にどのように伝わっていくか、手の感触と目視によって観察します。

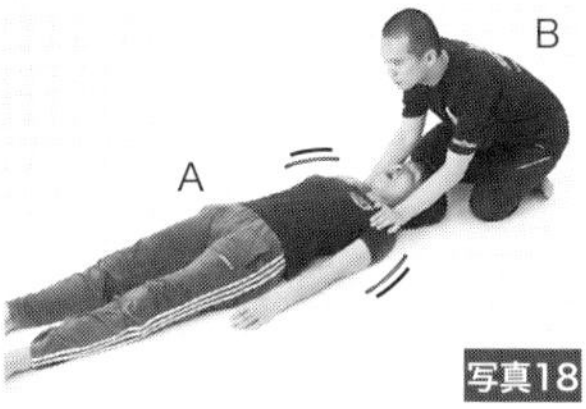

写真18

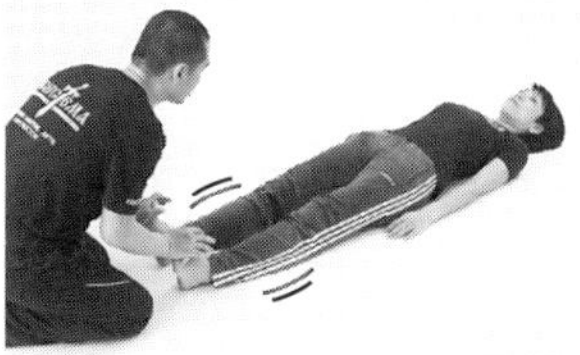
写真19

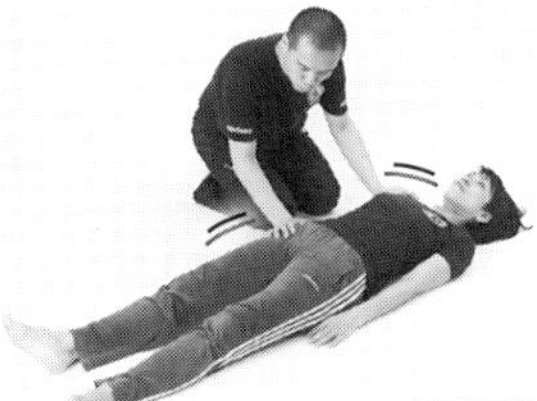
写真20

すると、強張っている部位や弛緩し過ぎている部位で波が止まるのがわかるでしょう。そうした部位を見つけたら、Bはその部位を動かすように波を伝えます。

4．また、Bは時折、ポンとAの身体を軽く叩くようにして瞬間的な波を伝えても良いでしょう。この短い波を伝える感覚は、そのままストライク（打撃）のトレーニングにつながります。

## ●コネクトのワーク「流れを通す」

1．2人〜5人ほどで手をつないでしゃがみます。手にある程度の張りが生まれるくらいの感覚が良いでしょう。

2．一人が端の人の手を取り、倒します（写真21、22）。

3．すると全員が順に倒れていきます（写真23）。しゃがんでいる人

写真21

写真22

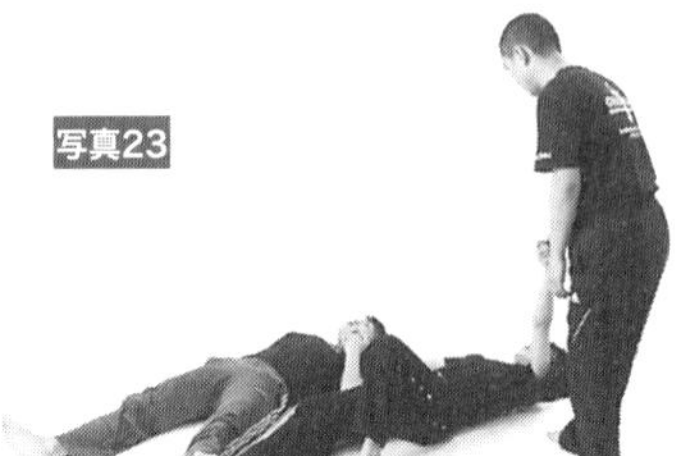
写真23

は自分の身体を力の流れが通過していくのを感じます。

## ●コネクトのワーク「特定の部位に作用させる」

ここまでで感じた力の流れを用いるワークです。

1. 座った状態でAがBの手首をつかみます。
2. Bは手をもたせたままAに力を伝えていきます。揺すったりひねったり、いろいろやると良いでしょう（写真24、25）。ここで大切なのは関節を決めたり倒したりすることでは

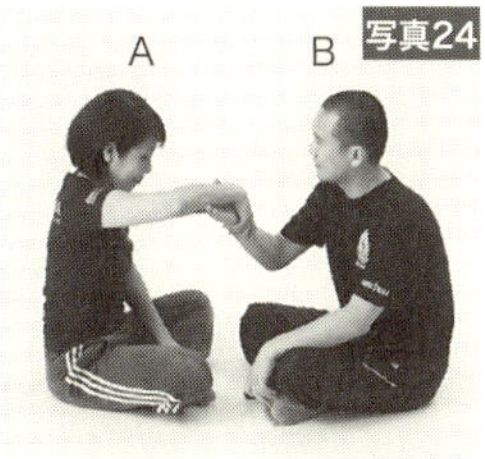

写真24

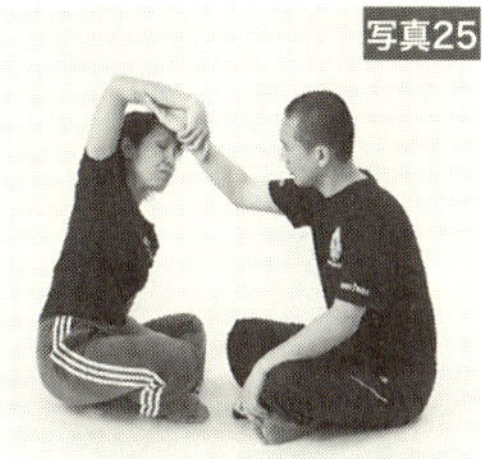
写真25

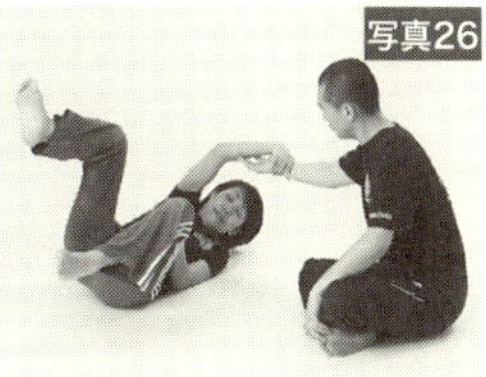
写真26

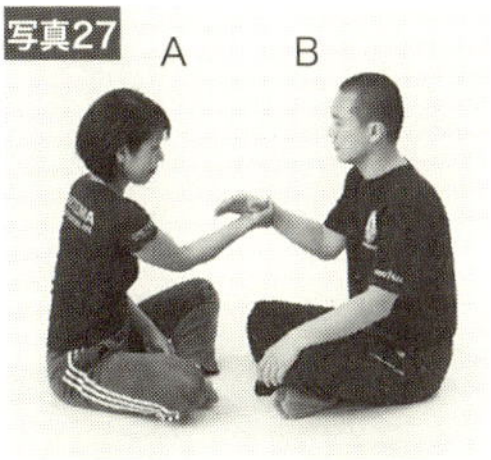

写真27

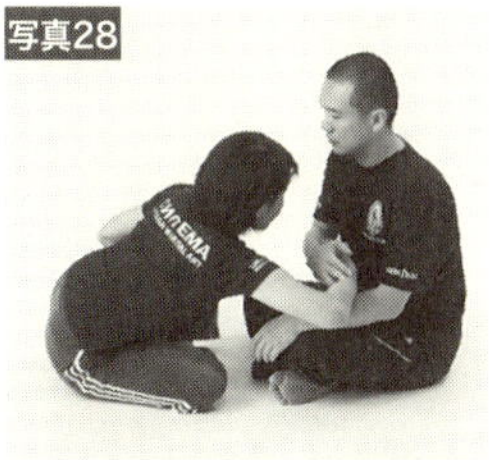
写真28

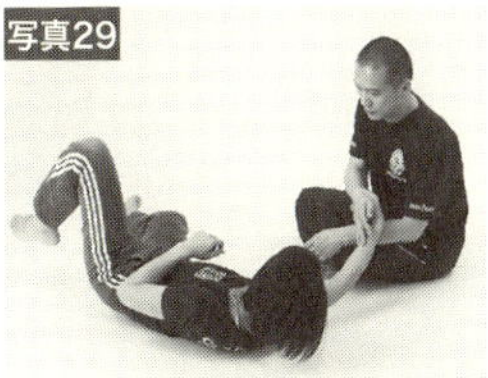
写真29

なく、自分が加えた力がAにどのように作用するかを感じ、観察することです。首や背骨、腰といった部位にターゲットを定め、そこに力を伝えるようにするのも良いでしょう。

3．BはAのバランスを崩します（写真26）。

Aは持ち方をいろいろと変えます（写真27～29）。持つ手に力を込めたり、逆にゆるゆるにリラックスさせたりしても良いでしょう。両方の手をそれぞれつかむ方法もあります。

ただAは途中で手を離したり、持ち替えたりしないように気をつけます。BはAの手に惑わされることなく、ただ力を伝えていくようにします。

これを立ったままやればマーシャルアーツ的なトレーニングになりますが、ここでは力の伝導という原理をしっかり学ぶためにあえて座って行います。立つと倒れることへの恐怖心が生まれ、無意識で踏ん張ったりいなしたりしてしまい、感覚をつかむという目的が達成しにくくなってしまうためです。

# 第7章 インターナルワーク

SYSTEMA BODYWORK

## 超実践的なインターナルワーク

「インターナルワークは、皆さん自身の状態によって左右されます。あなたがどのような状態にあるのかということに」――ミカエル・リャブコ

物理的な身体は、その内面の反映です。

ですから身体の動きを本当に変えるなら、内面から変えていかなくてはいけません。それを目的としたトレーニングが、インターナルワークです。

ミカエルはストライクを「野郎の娯楽」と言い切る一方で、インターナルワークを「極めて実戦的」と位置付けています。なぜならマーシャルアーツやリラクゼーションといったあらゆるテクニックに魂を与え、本当に使えるものにする力が、インターナルワークにはあるからです。

特に言語化しにくい領域ではありますが、本章ではあえてその解説を試みることにします。

## 先端からの動き

ミカエルがインターナルワークの指導に力を入れ始めた時期、重点的に練習したのが「末端から動くエクササイズ」でした。このエクササイズを通じて体幹を力ませることない、全身が連動した動きを学ぶのです。

これはシステマの特徴的な身体操法と言えるかもしれません。なぜなら一般的な説はこれと正反対です。体幹側の大きな筋肉で生み出した力を末端へと伝えるようにするでしょう。しかしこの方法はシステマではほとんど推奨されていません。体幹部に大きな強張りが生まれ、動きに一瞬の硬直が生じるのを問題視するためです。また体幹からのうねりが末端に伝わるまでのタイムラグも生まれます。瞬きするほどの短い時間かもしれませんが、咄嗟の行動が求められる局面ではこのタイムラグが命取りになってしまうのです。

こうした問題を解決する方法として用いられるのが、「末端から動くエクササイズ」です。ここでは手や足といった動作の先端となる部位から動き、他の部位はそれを妨げることなく追従するようにします。すると末端に導かれる形で全身がくまなく連動するので、速度、強度、精度のいずれも高いレベルを保つことができるのです。

末端から全身へと張力の伝達を感じ取ることが、身体を感じつつ動かすインターナルワークの第1段階となります。

## 大きな動きから小さな動きへ

この末端からのエクササイズを始める場合は、設定した末端をできるだけ遠くに伸ばすつもりで行うと効果的です。最初こそ目一杯、苦しく感じるくらい伸ばすようにしますが、身体が慣れてくると少しずつ動きをコンパクトにしても、連動性が維持できるようになります。動きはこうした「大きな動きから小さな動きへ」というプロセスを経て、少しずつ洗練されていくのです。

トレーニングを始めた当初は、誰もが強張りを抱え込み、縮こまってしまっています。この時点でまずやるべきことは、大きく伸び伸びとした動きを取り戻すことです。この段階では多少、動きに力みがあったとしても気にしなくて構いません。欠点を意識し過ぎて萎縮してしまうなら、むしろ逆効果になってしまうことでしょう。こうして全身の動きが解放されてくれれば、徐々に無駄が解消されていきます。その結果、おのずとコンパクトな動きになっていくのです。

ですから、表面上の動きに関して言えば、初心者も熟練者もともに小さく見えるかもしれません。でも初心者が萎縮しているのに対し、熟練者は全身が解放され、連動された動きになっているのです。

同様のことは、ブリージングにも当てはまります。トレーニングを始めたばかりの人は、やはり身体が強張っているので呼吸も浅く、小さいものになってしまっています。システマのブリージングで、あえてフーッと息を立てるほど強く呼吸するのは、縮こまった呼吸を解放していくためです。ですから十分、呼吸が解放されればコンパクトなブリージングでも事足りるようになっていきます。

また、縮こまった呼吸や動きを一旦大きくし、再びコンパクトにまとめていくというプロセスは、一度きりで終わるわけではありません。動きが開拓されれば、それを妨げている強張りもまた見つかります。そこを開拓すれば、さらに根深い強張りが見つかることでしょう。このループを繰り返すことで、硬直した身体が徐々に本来の自由さを取り戻していくのです。

## ステイト（＝状態）について

動きの精度が高まればおのずと動きはコンパクトになり、さらに進めれば静止します。静止すると言っても、硬直するわけではありません。全身くまなく動いているのに、表面的な動きがほとんど見られないという矛盾した状態になるのです。

これを追求するのが、インターナルワークです。ミカエルが末端から動くエクササイズをその導入として採用したのも、この動きを秘めた静止に導く上で最適であると判断したためでしょう。

ここで重視されるのは、動きや姿勢ではなく、ステイト（＝状態）です。インターナルワークに重点が置かれるようになってから、しばしば使われるようになった言葉ですが、別に新しい概念というわけではありません。言及こそされていませんが、本書の随所にもステイトの片鱗は見え隠れてしているのです。

本書ではこれまでシステマにおける呼吸やリラックス、姿勢について色々と解説してきました。しかし本書で解説したことをきっちり実行しようとしたらどうでしょう？　おそらく、すぐに窮屈な思いをするはずです。忠実にやろうとすればするほど苦しさは募り、負担は増してしまうでしょう。こうしたことが起こるのはステイト、つまり内部の状態が強張ってしまうからです。

健やかな身体は常に流動しようとします。直立不動で立っているようでもよく見れば必ずわずかに揺らいでいますし、内側では拍動や呼吸など様々な動きを見出すことが可能です。オフィスワークで座り仕事が続いたような時に、たまに姿勢を変えたり、身体を動かしたくなったりすることがあるでしょう。こうしたことは全て、流動することによってステイトを維持しようとする身体の働きです。

ですからどれだけ正しい呼吸、姿勢、動きであっても、何らかの固定化したモデルを身体に当てはめようとすれば、必ずステイトが硬化します。それは不快感とともにパフォーマンスの低下をもたらしてしまうのです。

ブリージングも正しい姿勢も、それ自体は目的ではありません。あくまでも快適で心身ともに無限の動きを秘めた状態、つまりステイトを維持するための助けでしかないのです。

## さらなるインターナルへ

物理的な身体は、内側のステイトが反映したものです。ステイトと一口に言っても、物質的な身体から感情、精神、無意識の領域など非物質的な領域まで全てを含みます。こうした領域を奥へ奥へと進み、強張りを解消していくのがインターナルワークです。

その中で、深層の筋肉や神経、臓器といった物質的な身体はまだまだ表層の領域と言えるでしょう。物質的な身体は感情や精神状態の反映であり、それらもまた無意識や、さらに奥の領域の反映です。ですから根本から強張りを解消し、自由を取り戻すには奥底へのインターナルワークが不可欠となるのです。

しかしここには恐怖心が伴います。なぜなら強張りには、自分の弱さにフタをするヨロイのような意味合いがあるためです。そのヨロイを脱ぎ、弱さに直面するのですから、怖さを感じるのも当然です。インターナルワークを進めるには、この恐怖心に向き合う必要があります。ですから、インターナルワークによって恐れている自分、弱い自分に出会ったとしても恥じたり、自分を責めたりする必要はありません。そこに向き合いつつ、ブリージングをしてリラックスしようとすることで、強張りとともに恐怖心もまた和らいでいくのです。

こうして肉体を超えた領域に迫っていくことによって、奥底からの健康がもたらされていきます。インターナルワークが深まるほど心身のステイトが高度に保たれた、強く健康な人間になっていくのです。

「健康な戦士は不健康な戦士に勝る」。その原則に則るなら、これほど強くなるための直接的な方法はありません。だからこそミカエルは「実戦的」と評するのです。

## ディープ・リラクゼーション

第3章で紹介した身体を力ませるエクササイズを、より深い領域で行います。要領はほぼ同じですが、やり方を見るとかなり難しそうな気がするかもしれません。でも実際にやってみると、意外にたやすく感覚がつかめるものです。

たとえうまくできている実感がなくても、深部に意識を向けるだけでも意味があります。あまり悩まず、気軽に試してみてください。

## ●骨格のテンション&リラックス

骨格を包む筋肉を力ませ、ゆるめていきます。息を吸いながら力み、吐きながらゆるめるのは同様です。これを腕の骨や脚の骨、背骨といったパーツごと、あるいは全身の骨格でやっても良いでしょう。

力ませた際は、表面が一緒に力んでしまっていないかチェックします。このエクササイズでは深部のリラックスと、それに伴う血流の活性化を図ります。こうした深部のリラックスが進むと、血液の質が向上するとされています。深層の筋肉がリラックスすれば、骨内の血液循環が促進されます。それによって骨髄の造血作用が活性化すると考えるためです。

## ●臓器のテンション&リラックス

同様の方法を用いて、臓器のケアをすることもできます。肺、胃、肝臓、腎臓、腸、生殖器などに狙いを定めて力ませ、リラックスさせるのです。

力ませる際は息を吸いながら上に持ち上げ、リラックスしながらストンと落とすようにします。引力によって下垂した臓器が元の位置に収まるためです。

肛門から息を吸い上げるようにして内臓全体をまとめて持ち上げ、息を吐きながら落とす方法もあります。


同様に第3章で紹介した「脈を感じるエクササイズ」を、骨格や臓器に当てはめれば、内的なリラックスをさらに促すことが可能となります。

骨や臓器など内部の拍動を感じ取るようにするのです。こうした内的なエクササイズをやっていると、身体の奥からポカポカと温かくなってくるのが感じられるかもしれません。ミカエル・リャブコは、「インターナルワークがうまくできている時は、身体の奥から熱が生まれる」と話しています。それは内部の血流が活性化することで、深層の細胞の新陳代謝が促進するためと考えられます。

こうした熱は入浴や厚着による保温と異なり、内部から身体を温めるのでとても健康に良いとのことです。

## 静止のエクササイズ

激しく動いている時は、身体の動きを認識しにくくなります。それは神経回路によって身体が自動操縦されるためです。ですからこれと逆のことを行えば、身体への認識が最大になります。つまり動きを止めてしまうのです。

このエクササイズは、そうやって身体に意識を向けることを目的としたものです。

1. 仰向けに横たわり、1分ほどかけて最もリラックスできる姿勢を探ります。
2. 完全な静止を保ちます。指一本動かさず、呼吸も最低限にします。これを3分〜5分ほど。瞬きをしないため目を閉じます。

ほんの数分の体験ですが、身体が起こす無意識の動きを見出したり、多くの情報を得られたりすることが実感できるでしょう。

## ブレスホールドエクササイズ ― インターナル版

ここで紹介するのは、第2章に出てきたブレスホールドエクササイズを発展させ、より深い領域のリラックスが得られるようにしたものです。

第2章では回復の際、身体を動かしたり揺すったりしてゆるめましたが、こちらではあえて表面的な動きをしないようにします。そうやってブリージングの力だけを使い、内側の緊張を取り除くようにするのです。

1. プッシュアップの姿勢で息を止め、10回プッシュアップをします。
2. うつ伏せになって脈拍、緊張、呼吸を回復させます。バーストブリージングを用いても良いでしょう。この時、身体は動かすことなく呼吸を用いて内部を回復させるようにします。

3. 十分回復したら、息を止めて15回プッシュアップをします。

4. 再びうつ伏せになり回復します。少なくともエクササイズに要したよりも長い時間を回復に充てるようにしてください。完全に回復したら終了です。

同じことをスクワットやシットアップ、レッグレイズで行うことも可能です。「なるべく身体を動かさずに回復する」という原則を用いれば、様々なエクササイズに応用できるはずです。

## 末端から動くエクササイズ

このエクササイズの要点は、末端で生じた動きが徐々に全身へと伝わるのをじっくりと感じながら行う点にあります。始めのうちは表面的な筋肉や皮膚のつながりが感じられればＯＫですが、いずれは内部の筋肉や骨格のつながりにも意識を向けていくようにします。

## ●伸ばす動き

1. 仰向けに寝て、身体の正面を経由するように片手を伸ばします（写真1、2）。指先から生じた張力が前腕、上腕、肩、背中、腰と徐々に伝わっていくのを感じるようにしてください。力のつながりがジャンプしたり途切れたりしないようにします。
2. 指先をさらに遠くに伸ばし、寝返りをうちます（写真3～5）。指先の軌跡は直線を描くようにします。指の意識が抜けていたり、肘や肩に力みがあったりすると弧を描いてし

写真1
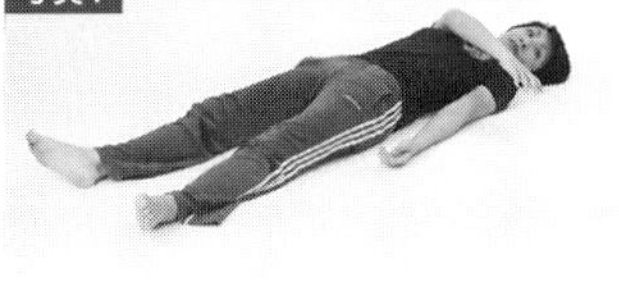

写真2
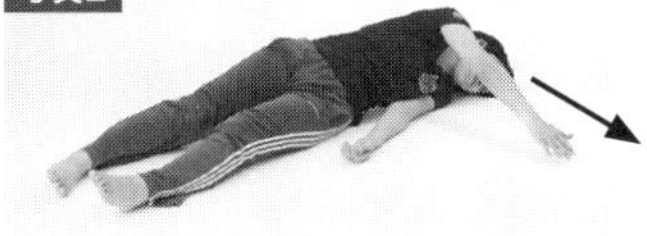

写真3

写真4

写真5
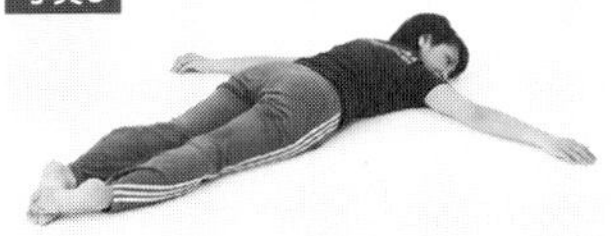

写真6

まいます。すると指先が床を指すことになり、それ以上先に行けなくなってしまいます（写真6）。

3．うつ伏せからも同様です。背面の上を経由して、反対側へと腕を伸ばします（写真7～11）。
末端から動くエクササイズの要点は、末端から順に動いていくということです。後で動くはずの部位が順番を追い越して先に動いてしまうことのないようにしてください。

写真7

写真8

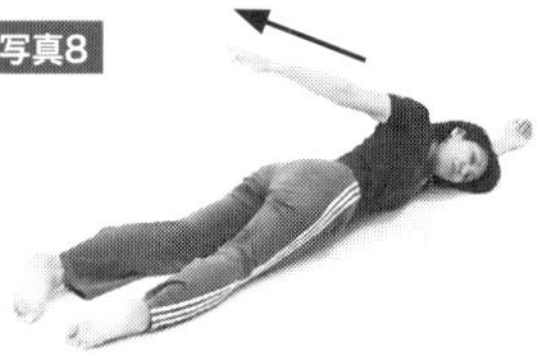

写真9

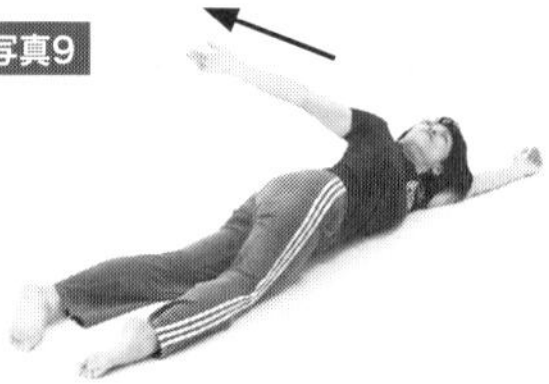

写真10

写真11

4. 爪先を伸ばしていけば足でも同様にできます。腰で流れが途切れやすいので注意してください（写真12～19）。
この感覚をつかむために、

写真12

写真13

写真14
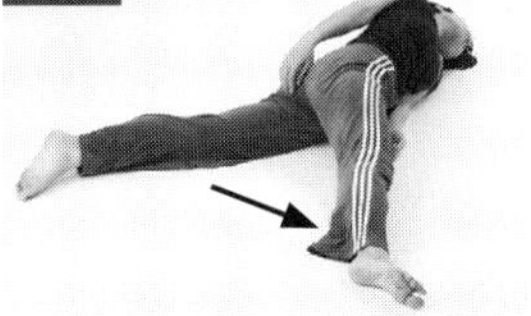

写真15
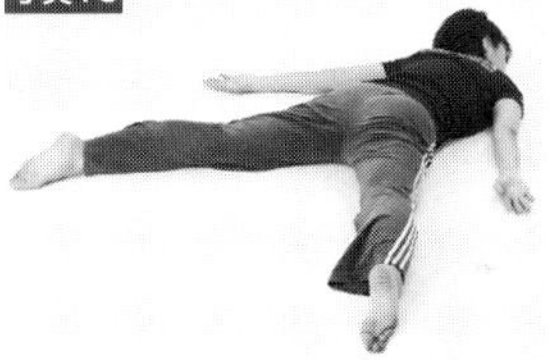

写真16
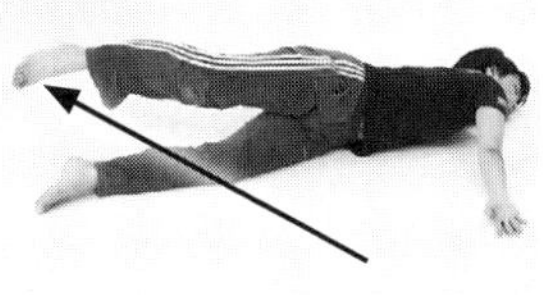

写真17

写真18

写真19

パートナーに手や足をゆっくりと引いてもらうのも良いでしょう。

## ●ねじる動き

1. 仰向けになり片手を頭の方向に上げます。
2. 片手を指先からねじり、そのねじりの力を全身に伝えて寝返りをします（写真20～24）。

写真20

写真21

写真22

写真23

写真24

3. うつ伏せも同様です。ただねじるだけでなく、遠くに伸ばしつつねじるようにすると、ねじれの伝わりがより感じやすくなるでしょう。

4. 足や首でも同様です(首の例:写真25〜29)。ねじれが徐々に全身に伝わるようにし、後で動くはずの部位が途中で追い越してしまわないよう注意します。パートナーに手や足をゆっくりとねじってもらって、感覚をつかむのも良いでしょう。

写真25

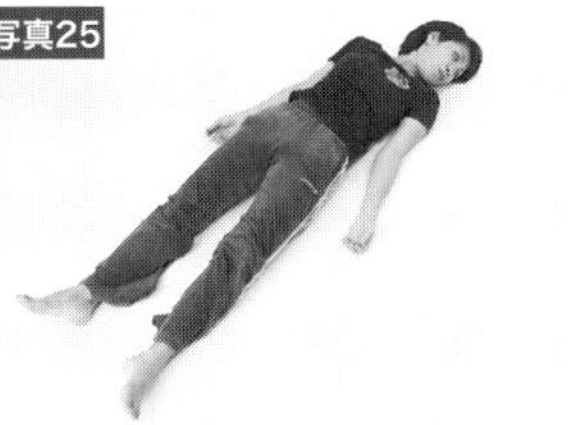

写真26

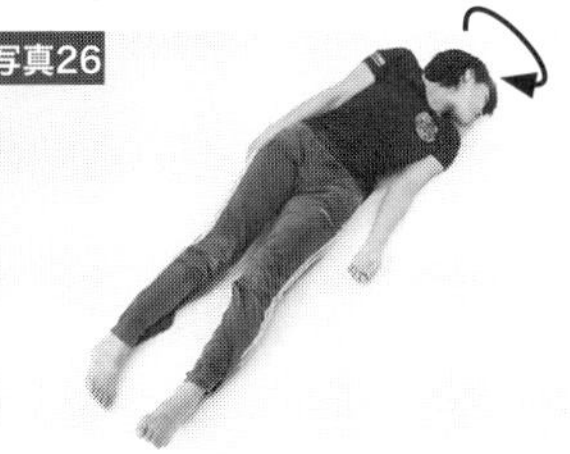

写真27

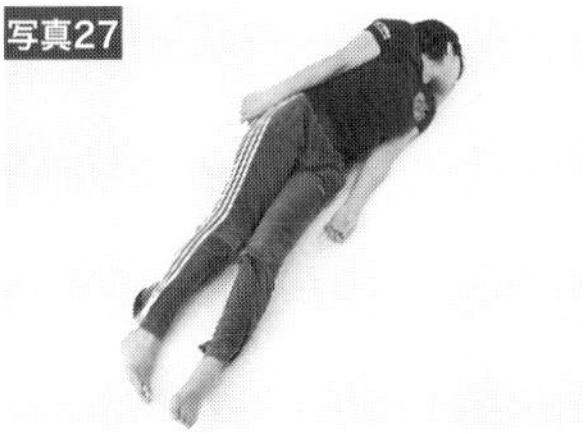

写真28

写真29

## ●立った状態で手足を伸ばす

手を伸ばすエクササイズを立って行います。

手を伸ばしていくことで進行方向に一歩進みつつ、180度向きを変えます（写真30〜33）。

やはり指先の軌跡は直線を描くようにします。遊脚も同じく直線を描き、一直線上を移動するようにします。遊脚がサッと動いてしまいがちなので、バランスを維持しつつゆっくりと動くようにします。足でも同じようにできます。

写真30

写真31

写真32

写真33

## 立った状態で手足をねじる

片手を上げて先端からねじり、そのねじりの力を用いて反転します（写真34〜37）。足、首でも同様に試してみると良いでしょう。立つとどうしても足腰に強張りが生まれ、力の流れを感じにくくなりますが、寝ている時と同様に順に張力を伝えていくようにしてください。

## 末端からの逆流

末端からの動きを逆流させることで、正反対のベクトルを持つ動きを得ることもできます。

1. 力を抜いて歩き、進行方向に押し込む

写真34

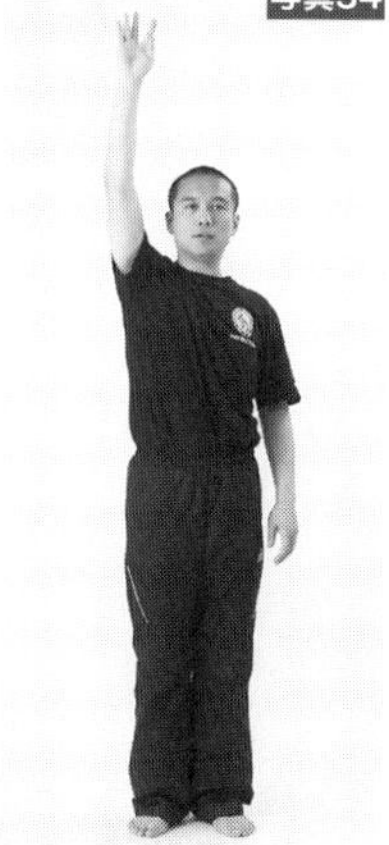

写真35

写真36

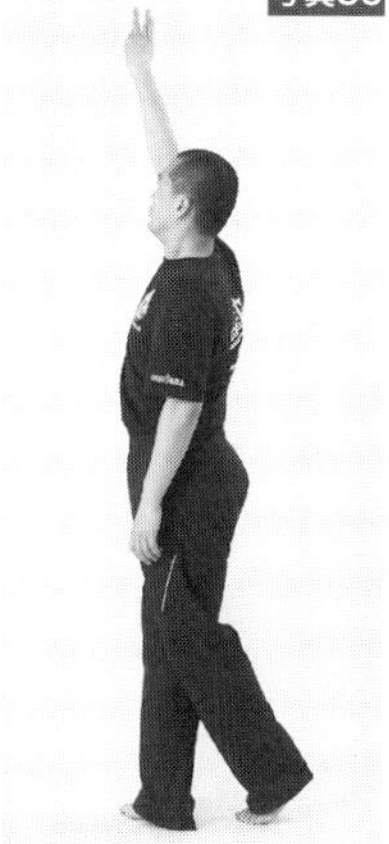

写真37

ように手のひらを出します（写真38）。

2. 進行方向に手のひらを向けたまま、小指を軽く伸ばすようにして回転させます（写真39）。

3. その回転が前腕、肘、上腕、肩へと伝わるのを感じ、その動きに乗って振り返ります（写真40）。

4. 同時に空気の壁を押すようにすると、前方への推進力が得られます（写真41）。この感じが掴みにくかったら、壁に手を当ててやっても良いでしょう。

また、このエクササイズも様々なバリエーションを作ることができます。いずれも、末端に生じた張力が全身に伝わっていくこと

写真38

写真39

写真40

写真41

で、新たな動きを生み出します。

空中に空気の壁やバーを設定して、それを押したり掴んだりするようにすると感覚がつかみやすいでしょう。

・空気のバーを掴んで、身体を引き寄せたり押したりする（写真42、43）。
・寝た姿勢から空気をかくようにして上体を起こす（写真44〜47）。

写真42
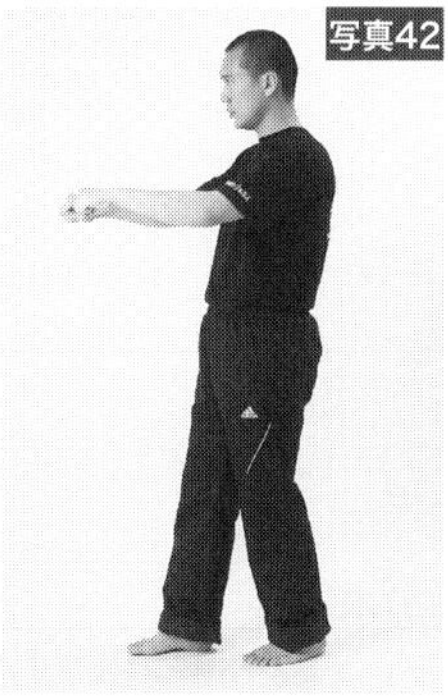

写真43
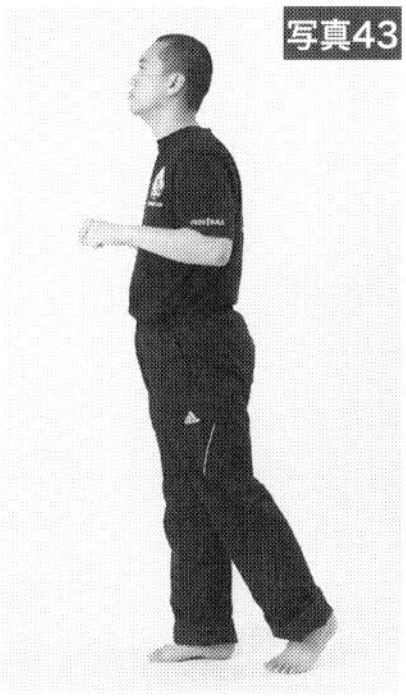

写真44

写真45

写真46

写真47
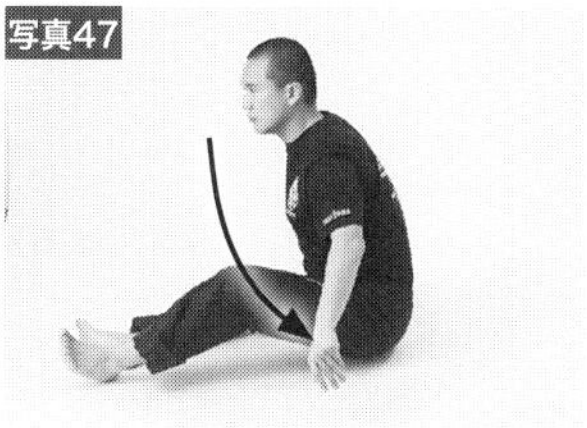

・空気のバーを掴んで立ち上がる（写真48〜55）。

写真48

写真49

写真50

写真51

写真52

写真53

写真54

写真55

手と同様のことを足で行うこともできます。こうした例を参考にして、自分で新たなエクササイズを作ってみましょう。

## 道具を用いたトレーニング

身体感覚には、主観によって歪められてしまうという難点があります。そのためシステマでは現実に通用するかどうか、マーシャルアーツのドリルを通じて検証するのですが、ここにも難点があります。もし正しい感覚をつかめていたとしても、初めのうちはとても弱々しいものでしかありません。そのためマーシャルアーツに応用しようとしてもすぐには違いが生まれることはなく、失敗に終わってしまうのです。

こうして感覚を掴んでは否定するループに陥ってしまうと、上達できないばかりか自信を失ってしまうことにもなるでしょう。

こうしたことを防ぎつつ、動きを育てるのに役立つのが、モノから動きを学ぶということです。人間と異なり無機物は嘘をつきませんし、ごまかしも利きません。そのため、うまく活用すれば、極めて正直で的確なインストラクターになるのです。

ここでは、システマの源流となるコサックの人々が使っていた武器「シャシュカ（コサックサーベル）」（写真56）を用いたトレーニング法をご紹介します。シャシュカは入手困難ですが、木刀や杖、ナイフ、定規など、ある程度の長さのあるものであれば、何でも代用できます。木刀であれば、新陰流や二天一流で用いられる、片手持ちのできる細身のものをお勧めします。

写真56

## ●シャシュカを用いたコンディショニング

1. 目の前にシャシュカを構えます。
2. シャシュカを前後左右に傾け、最もバランスの取れるポジションを探します（写真57〜60）。

3. そのままシャシュカを持つ手を前後に動かし、最もリラックスできる位置を探します（写真61、62）。

4. 最もリラックスできる位置の時、腕にかかる負担が最低限になるため、シャシュカが軽くなったように感じられるはずです（写真63）。この「重さが消えた状態」を維持します。

5. この間、身体に意識を配り、シャシュカがより軽く感じられ

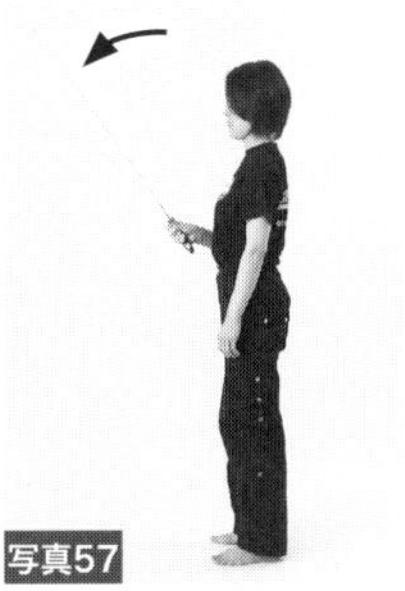
写真57

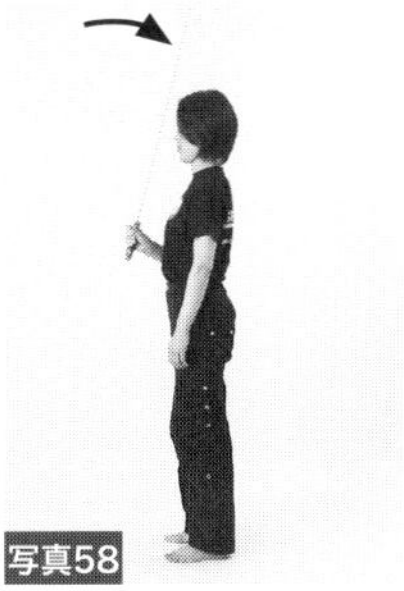
写真58

写真59

写真60

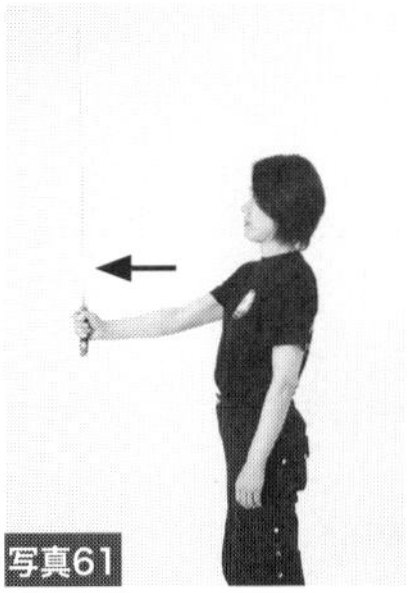
写真61

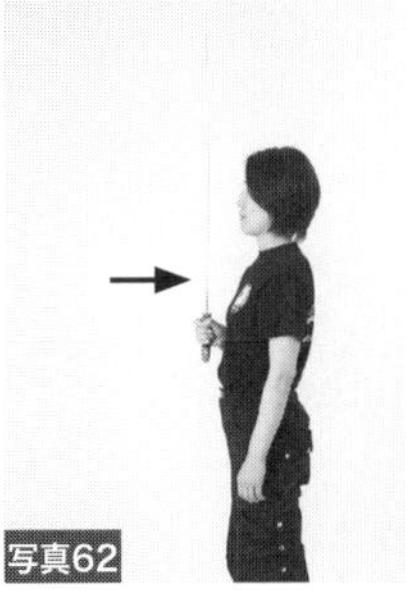
写真62

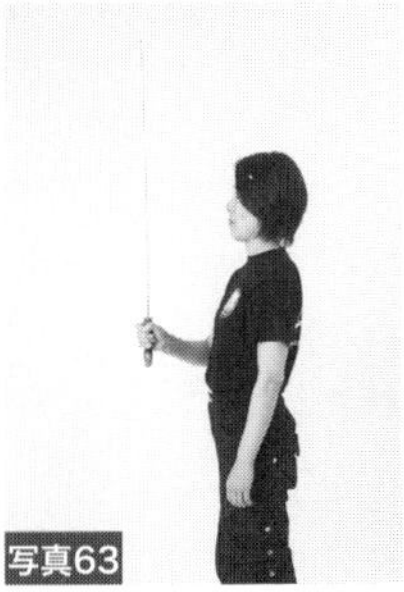
写真63

るバランスを探します。すると、身体のあちこちがモゾモゾ動き始めるのがわかることでしょう。これは背骨のバランスを整えようとする、一種の自己調整機能です。

ミカエルはこれを左右の手で同じだけ、1日に10分から20分ほどやることを勧めています。

車椅子でセミナー会場に来た参加者にミカエルが教えたドリルもこれと同じものでした。その参加者は、車椅子に座ったまま左右1時間ずつやるように、というミカエルの指示を忠実に実行し、その場で歩けるようになってしまったのです（写真64）。

ここでは、シャシュカを顔の前にもってきましたが、下げたり（写真65）、かざしたり

写真64

写真65

(写真66)といったやり方でもできます。シャシュカの切っ先についていくようにすれば、武器の先端から動くトレーニングにもなります。前に紹介した手を伸ばすエクササイズや捻るエクササイズと組み合わせても良いでしょう。

シャシュカに導かれて歩くと、背後から誰かに抱きつかれても難なく歩き続けることができます(写真67、68)。

## 「ステイト」の力

ステイトを保持した身体とそうでない身体がぶつかり合えば、後者が前者に身を委ねる結果になります。それを体験する実験です。

写真66

写真67

写真68

1. Aは膝立ちになります。

2. BはAの胸に手をあてがい、ゆっくりと押し込みます（写真69）。

3. Aは押し返すことなく、ただ自分の身体を楽な状態に整えます。この時、力を抜き過ぎてBとの接触面の圧力をゆるめてしまわないよう注意します（写真70）。

4. すると、自然にBの姿勢が崩れてきます（写真71）。Aは接触面の圧力をゆるめないように姿勢を変えつつも、楽な状態を維持します。
ここでのポイントは、接触面のプレッシャーを維持したまま、楽な状態を維持することです。この原則さえ守られていれば、どんな接触でも可能です（写真72～

写真69

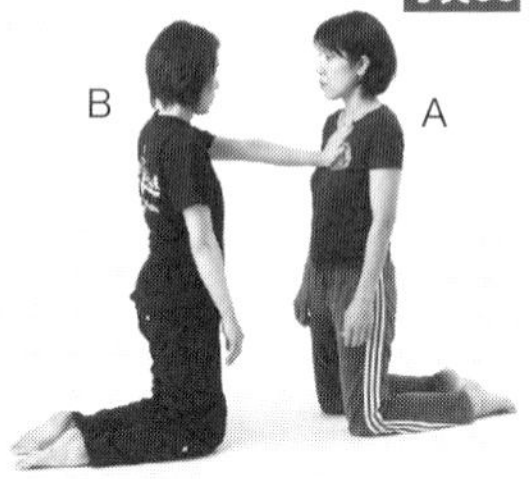


写真70

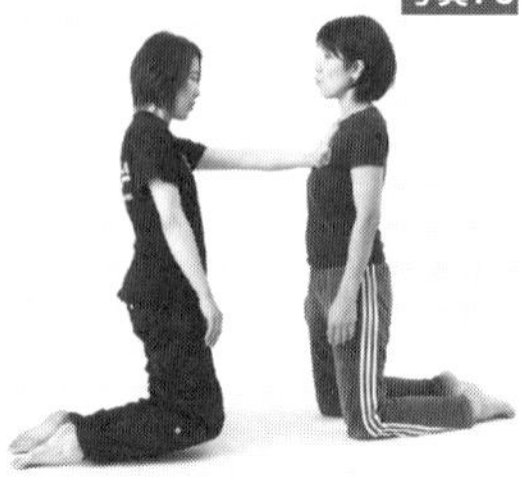

写真71

74）。
また、AはBを崩すのではなく、ただ自分の状態を整えながらBの自滅を待つようにしましょう。ただこのワークは受けを担当するBにもある程度、動きを感じる感受性が要求されるため、成立しないことも多々あります。ですから、たとえうまくいかなくても、それほど気にする必要はありません。

写真72
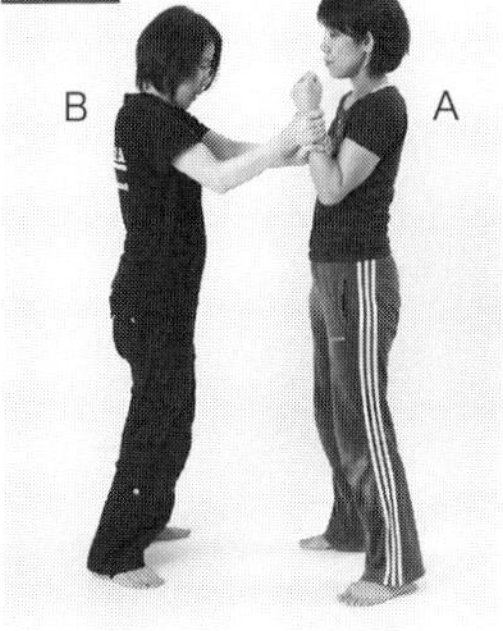


写真73

写真74

特別対談

システマ東京 北川貴英 × 鍼灸師 若林理砂

システマと東洋医学の「ボディワーク」

# "真ん中"に見出すハイパフォーマンス・ゾーン

取材・文◎蟹目潤（イカシテルオフィス）　構成◎『月刊秘伝』編集部

## 「術」の前に必要な〝身体への意識〟

——もともとお二人は甲野善紀先生の稽古会で一緒だったんですよね。

**北川**　そうですね。今は動作術の会をやっている中島章夫さんが、以前甲野先生を招いて「恵比寿稽古会」というのを「武術稽古研究会」の一環としてやってまして。若林さんや韓氏意拳の駒井雅和さん、カリと古式泳法の嘉陽与南さん、江東友の会の斎藤豊さんなどいろんな人がそこにいました。私、若林さん、駒井さん、嘉陽さんはほとんど同い年なのだけど、稽古会の中では若林さんが少し先輩ですね。若林さんはとにかく技にかからないので有名で、甲野先生も「この人に技が通じれば黒帯あげる」と冗談交じりに言ってたくらい。

**若林**　力の軸をずらしたりとか、外しちゃったりとかがすごい得意で、「異常に速い」って言われてたね。逃げ足の速さといったら（笑）。稽古としては私はずっと甲野先生の背中を見てましたね。動作って後ろでやってるから、前からだと見えないんです。まあ武術ですから前からは見せないんですね。

# 若林 理砂
Risa Wakabayashi

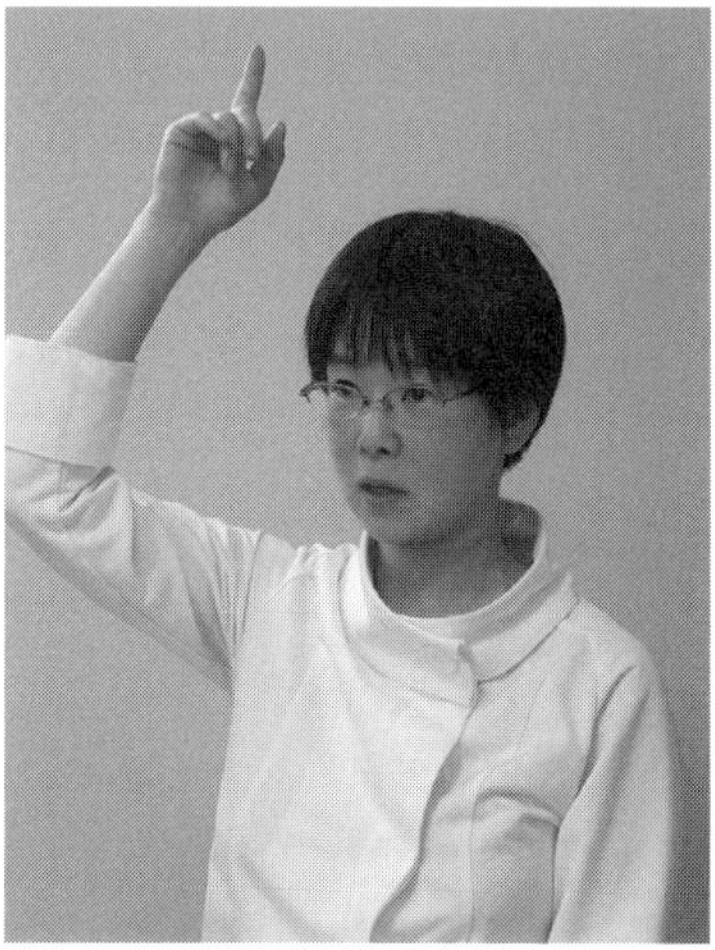

鍼灸師・アシル治療室院長。1976年生まれ。高校卒業後に鍼灸免許を取得し、エステサロンの併設鍼灸院で、技術を磨く。その後早稲田大学に学び、アシル治療室を開設。2年以上初診者の予約待ちが続く。武術家・甲野善紀に師事する。古武術はもちろん、東洋医学に通じ、独自の食事指導も行う。著書に『マタニティ古武術』（亜紀書房）、『冷え取りごはん、うるおいごはん』（高橋書店）、『からだの教養12ヵ月』（技術評論社）『安心のペットボトル温灸』（夜間飛行）など。有料メルマガ『鍼灸師が教える一人でできる養生法』

http://yakan-hiko.com/wakabayashi.html

◎アシル治療室
http://www.asil-llc.info/

**北川**　これがまた甲野先生の背中がよく動くんですよ。

――それで自分も動くようになるんですか？

**若林**　目で見て覚えて、自分でトレースしてみる。うまくできなければまた見る。一回技掛けられたら、一時間くらい見ていますね。で、話は聞かない。分からなくなるから。ビデオ見る時も音声消してましたし（笑）。

**北川**　それ分かる。私もロシア語や英語が得意じゃないのが良かったと思うんですよ。じーっと見て、技を受けて、その感触を頼りにやってこられたから。もしミカエルが日本語でしゃべってたら、もしかしたら混乱してたかも知れない。

**若林**　見てることでうまいこと必要なとこだけもって来れるからね。

**北川**　甲野先生の稽古会で実際にやってたのは、持たれた片手を挙げる「柾目返し」と、座った状態でちょっとだけ前進する「正面の斬り」という二つの地味な稽古ばかり。

**若林**　そうそう。これができない。まっすぐ行けばいいだけなのに、つい相手の手を振り払おうとして余計な動きが出てきてしまうという。

**北川**　まともに手を挙げることも前に進むこともできてないんだから、技云々言う前にそこからなんとかしないといけないよね、ということなんです。ただ、この人には

## 旧・武術稽古研究会【柾目返し】

正座して膝に置かれた手を相手から抑えられている状態から、指先をすっと伸ばすと同時に一気に前進して腕を伸ばす（①～③）。やってしまいがちなのは、胸を張り、肘に力を入れてしまうこと。写真④～⑤のように手を離されると肘が外に張ってしまう。終始ずれることのない若林師の肩の位置を見ても分かる通り、無駄なところに力を入れず、腕の前進と体の前進の力を同調して、一息に相手を崩してしまう。

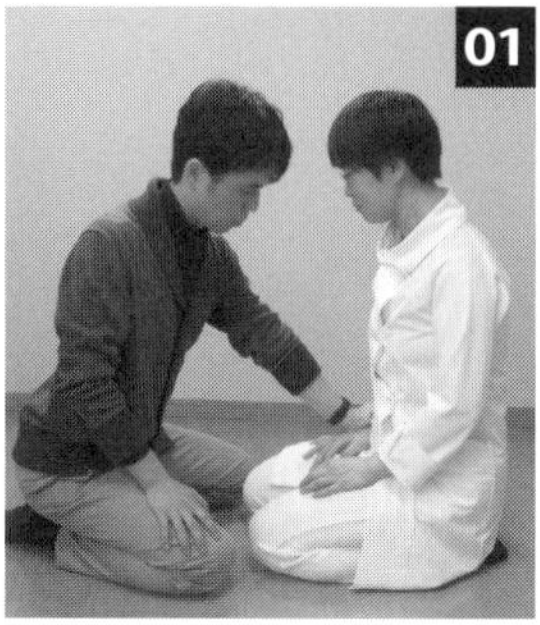


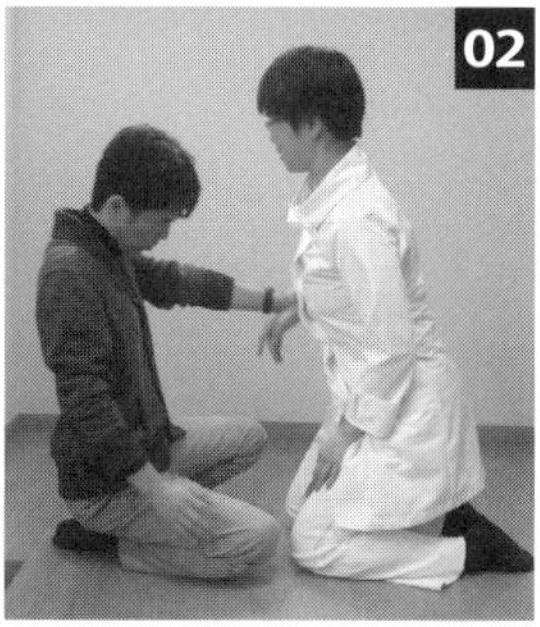


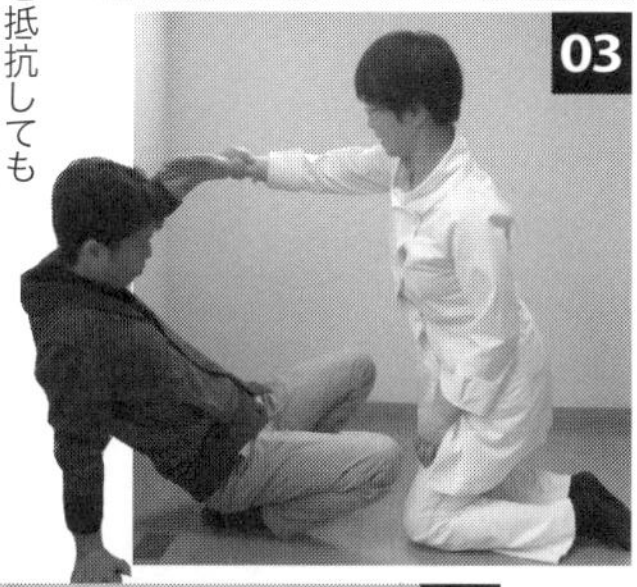


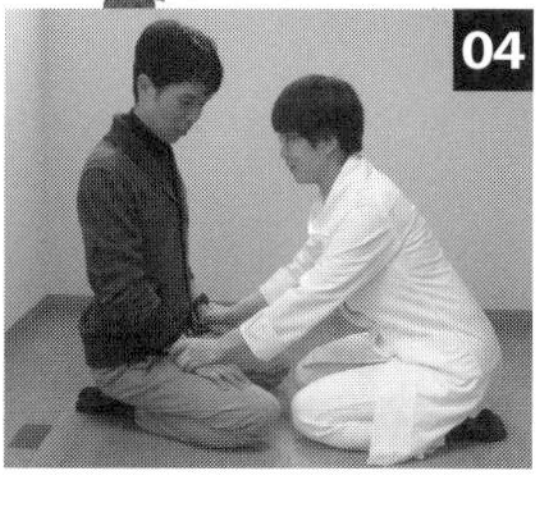


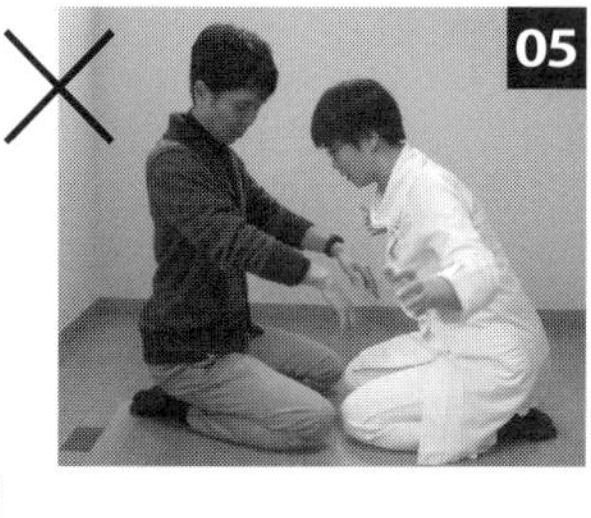


写真⑥～⑧は【捧げ持ち】の稽古。掲げた腕を持ってもらい、下に崩すのを抵抗してもらう。自分の腕を下げるのではなく、相手が〝ぶら下がって〟いる状態にして、軸の位置を変えずに体を切って落としていく。「腕の力は一切必要ない」という感覚を養う稽古。

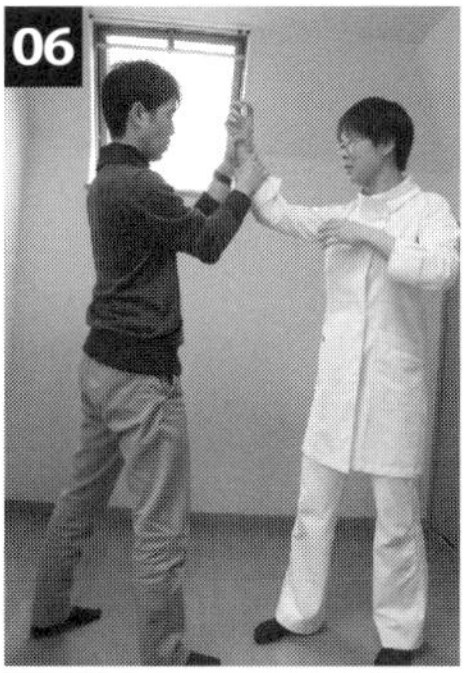


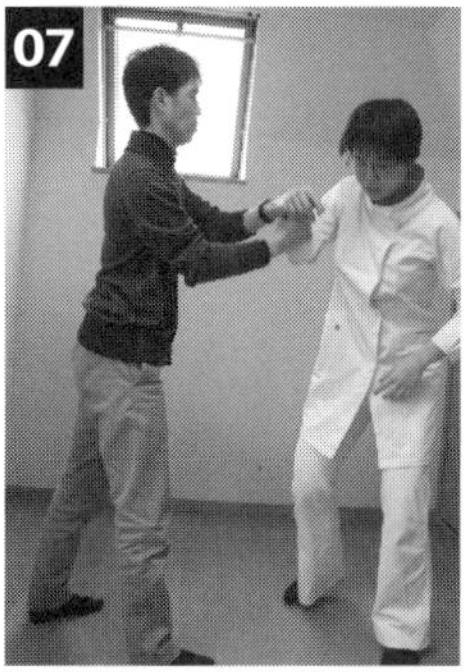


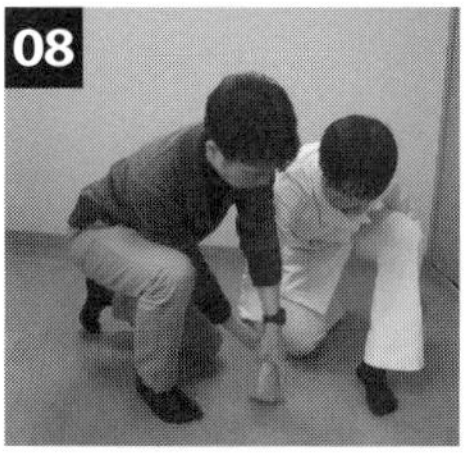

旧・武術稽古研究会【正面の斬り】

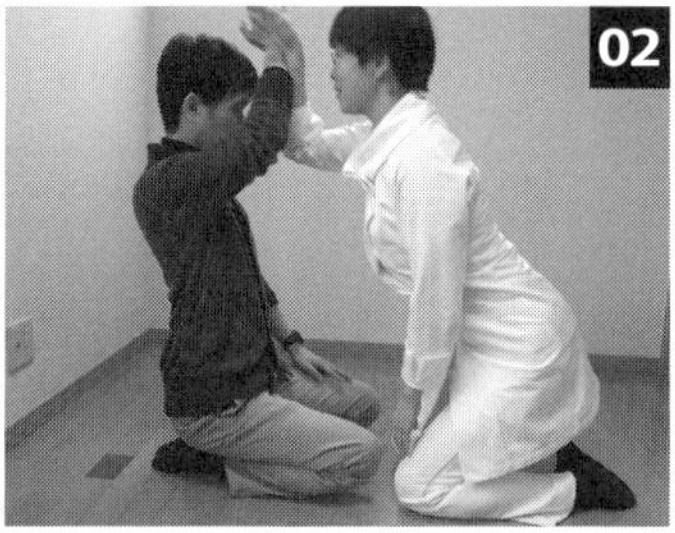


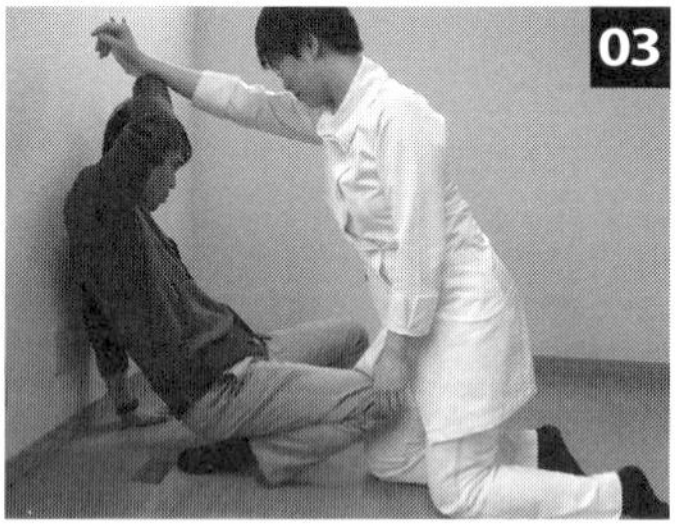


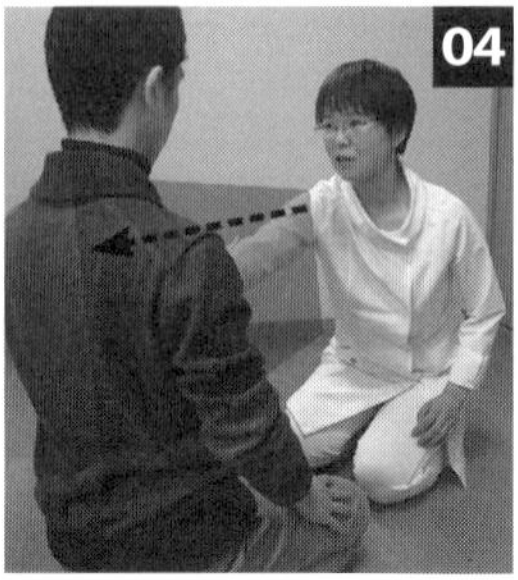


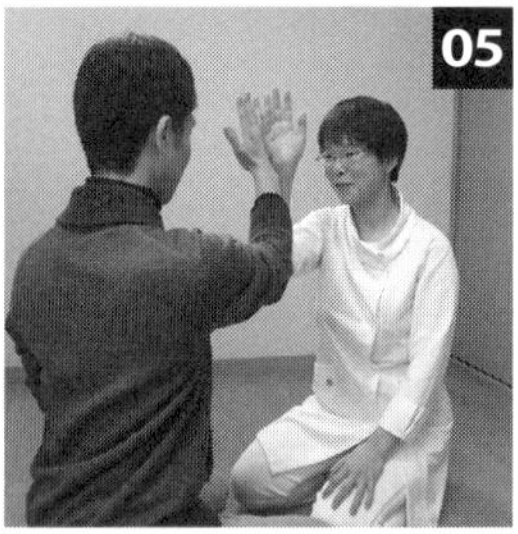


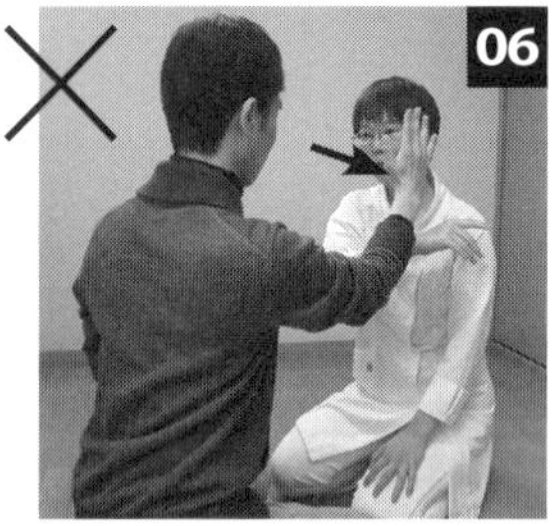


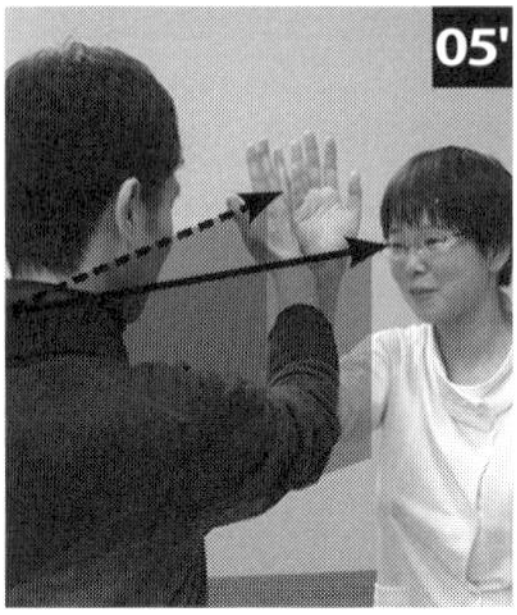


互いに手を合わせた状態から真っ直ぐに手を上げて前進していくと、体格差があっても相手は崩れてしまう（①〜③）。本来写真④のように、相手の軸を真っ直ぐに押したいのだが、手を身体から離されると腕は右にずれてしまう（⑤〜⑥）。これは、接触点の圧力に無意識に反応して相手の軸とは違う方向に押してしまっているため（⑤'）。これでは相手は崩れない。技を効かせるためブレのない、無駄のない力の使い方を学ぶことは、自分の感覚と身体の動きを一致させるボディワークと本質的に変わりはない。

技が全然かからない。私なんて避けてましたから（笑）。

**若林**　ああ、そんなことあった。みんなが集まって何かやってるから、何やってるのかなーと思って見に行くと、蜘蛛の子を散らすようにパーっと逃げられちゃって（笑）。

**北川**　まあそんなことばかりやってると、どうしても自分の身体を意識せざるを得ないんですよね。立つことも歩くこともままならない自分ってなんなんだろうと、悶々とするんです。だからやってることは武術というより、ボディワーク的な感じ。実戦うんぬん言う前に、普通に歩けて手を挙げられる〝普通〟の人にならないといけないんですから。

## 軸の形に固まらない！

**若林**　私はその後、鍼灸の学校に行くことになるんですが、そこで人体の構造を学んだことがそのまま武術に使えたりするんですよね。稽古会に中国拳法かなにかされていて、身体をくにゃくにゃさせて技を打ち消してしまう人がいたんですが、その人の関節をパタパタと畳んで床まで追い詰めたりなんてことやってました（笑）。

**北川**　そうなんですよね。ボディワークとして身体のことを知ることで、結果的に武術の腕が上がっちゃったりするんです。

――「ボディワーク」という言葉ってかなり広い意味でとらえられると思うんですけれども、お二人はどう解釈されてますか？

**若林**　私たちが身体の勉強し始めた頃って確かピラティスが入ってきたかどうか、という時期ですよね。知られてるのはヨガくらいで。それも今みたいにお洒落な感じじゃなくて修行的に。その頃に比べたらずいぶん色々なものが知られるようになってきているよね。

**北川**　そうだね。スポーツでもないし、じっくりと稽古に取り組むわけでもない、その間にあるふわふわしたもの全部含まれる感じですよね。だから身体の使い方を見直していこうとするもの全般がボディワークで良いんじゃないかと。

**若林**　ボディワークって「運動」という言葉の代わりに入り込んでいる感じですよね。運動の苦手な人でも取り組めるみたいな。先日、私も大阪でボディワークの指導してきましたよ。

――若林先生が教えられるボディワークは、どういうものなんですか？

**若林**　武術的な動作をものすごく薄くして一般の身体に落とし込んだものです。バランスボールとか使って、とにかく身体の軸だけを作るんですよ。バランスボールの上で上下にバウンドするんです。シンプルにそれだけ。軸ができてないとすぐに曲がっちゃうんですよね。

**北川**　軸っていうのはバランスの真ん中という？

**若林**　そう。中心部。

**北川**　軸って言葉はシステマであまり言われないし、僕も言わないようにしてるんです。軸を作るというと、だいたい軸の形に固まっちゃうから。

**若林**　そう、固まる。軸は動いている状態で保持できているものだから。そのカタチに固めちゃ駄目なの。本を作る時も正しい姿勢の見本として、編集者が私の立ち姿を掲載したがるんですが、やめた方が良いよと言うんです。カタチだけ真似されても意味ないですから。みな手の長さも身体の厚みも身長も違いますからね。

**北川**　カタチの吸引力は強力ですからね。気をつけないと、すっぽりハマって出られなくなるから。

# バランスボール【軸の養成】

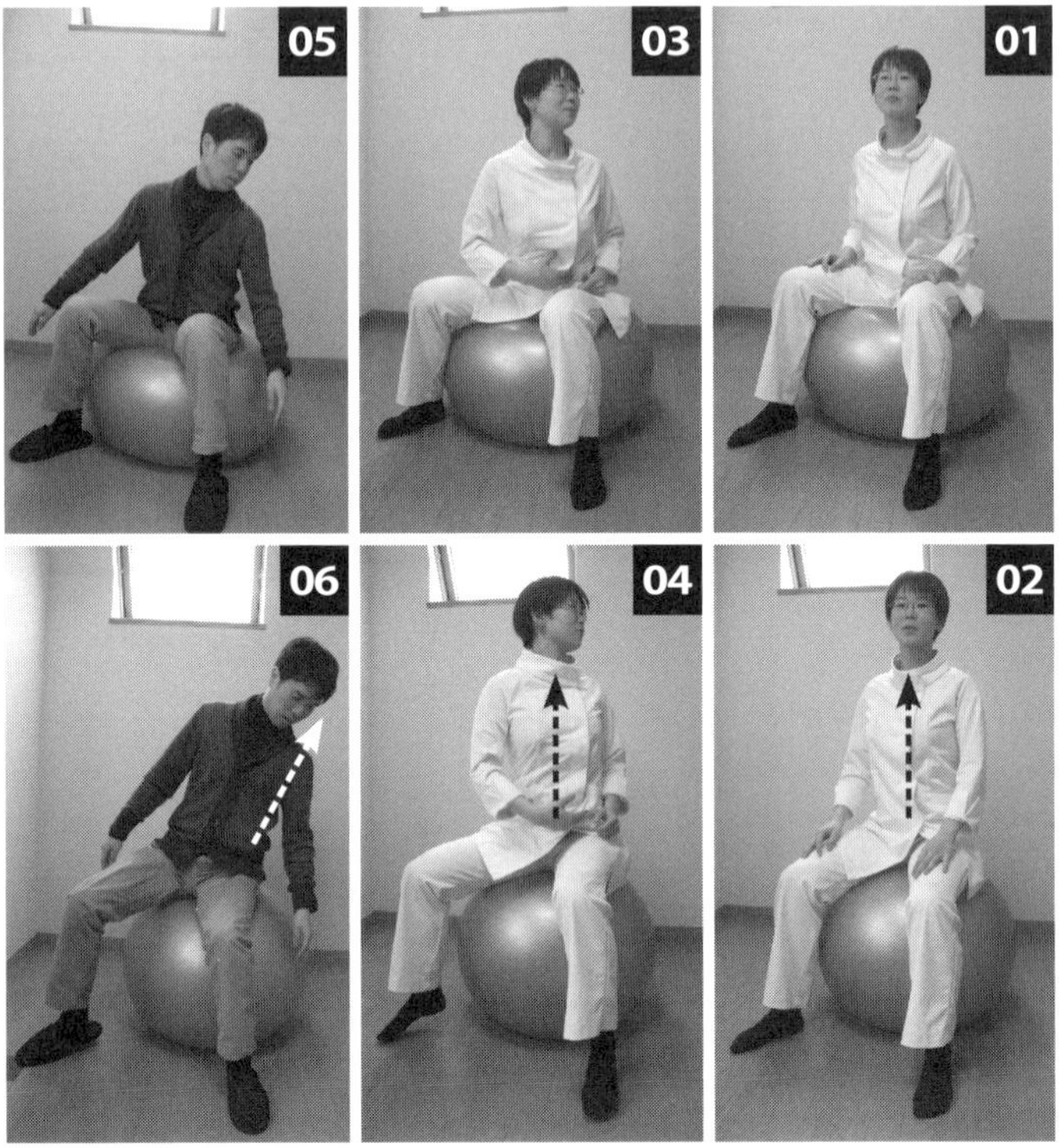


バランスボールに腰掛け上下に飛び上がるボディワーク。軸がしっかりしていれば真っ直ぐ上がっていく（①～②）。また、腰が決まっていれば捻っても真上に上がっていくのだが（③～④）、少しでも軸がずれると、前後左右いずれかの方向にぶれてしまう（⑤～⑥）。そこに自分の体の癖が潜んでいる。胴体を引き抜いた時にポンと頭が骨盤に入るよう、鼻の奥のところが左右の坐骨を結んだ点の真上に来るようにするのがポイント。

## 無駄のない日常生活の動作

**北川**　ボディワークに来るのはやっぱり女の人？

**若林**　うん。女の人だね。

**北川**　女性だけのボディワークってどういう感じなの？

**若林**　女性だけだと、みんなの癖が出やすくなるんですよね。男性の目を意識しなくなるから。逆に男女混合の場合はもう少し武術っぽくして、男性を崩す。すると女の人は「わーっ！面白い！」となるし、男性も納得して言われたことやるようになる（笑）。

**北川**　女の人だと身体を動かすということ自体にコンプレックスがある人って多いんじゃない？

**若林**　運動苦手で、体育嫌いでね。女の人の場合、最初から力むということを放棄しているから、力抜かなきゃとかはないんだけど、身体の使い方以前にそれを下支えするような筋力もないから色々ときついと思いますよ。特に子供産んだりすると体力がクッと落ちるから。私も先日、第二子を産んだばかりなんだけどすぐに回復できたのはもともと体力があったからというだけなんですよね。そもそも産んだ後ってしばらく腹筋使えないわけですよ。

**北川**　だるんだるんになって。

**若林**　そう。腹筋がだるんだるんで、内臓下がる。骨盤底筋と腹筋が一ヶ月半くらい上手くつかえないから呼吸のあり方がガクッと変わってハアハア息切れするし、ホルモンバランスも変わって鬱っぽくなるし。これはつらい。私の場合はボディワークと武術的動作って、子育てと家事に使うくらいなんですよ。日常生活の動作すべてがそれで成り立っている感じ。私にとってあまりに当たり前になってしまってるんだけど、最近はそういうのも教えた方が良いかなって思ってるんです。というのも昨夜は夕食がエビフライだったんですが、エビの下ごしらえから始めてキャベツ刻んで衣つけて揚げて、ほうれん草のおひたしと味噌汁作る合間に下の子を風呂に入れて上の子にご飯を食べさせて、下の子を寝かしつけた時点で一時間しか経ってなかった。さすがにそういうのは自分でも普通じゃないなと思うようになったんですよ（笑）。多分武術の延長で日常生活から無駄な動きを省いていった結果、そうなっちゃったんですよね。

**北川**　複数の要素が同時進行することで動作が速くなる。甲野先生が言う所の「多要素同時進行」だよね。これってそのまま仕事に当てはめると作業効率が上がるんですよ。若林さんは極端だとしても（笑）。

## ボディワークとしてのシステマへの関心

**北川**　システマもおかげさまでボディワーク志向の人が増えてきまして、最近はついに「システマって武術だったんですか？」と言い出す人まで出てきた（笑）。

**若林**　良いことじゃん（笑）。

**北川**　どんな動きをするにしても、それを支える身体の動きがダメだったら何をしてもダメだから。技術以前の身体の扱いについて目を向けていきたいんですよ。その意味では最も「実践的」だと思ってるんだけど。

――現在、クラスの男女比は？

**北川**　クラスによりますけれども、女性の方が多いこともありますよ。

**若林**　呼吸法に興味持ってるの？

**北川**　何に興味を持ってるのかなと思って、調べてみてるんですよ。で、ボディワークの中でもメンタルと身体のどちらに興味あるか聞いてみると、女性たちの興味はだいたい身体。で、メンタルに関心があるのは男のほうなんですよ。

**若林**　えーっ。なんか隔世の感があるな。メンタルっていったら女子ってイメージだよね。

**北川**　僕もそう思ってましたよ。けど今は全然違う。男の方が悩んでて、女の人の方が身体に興味がある（笑）。

**若林**　女性は定期的に自分の身体に振り回されますからね。いやでも身体を意識せざるを得ないんです。でも男性の身体はそういうことがない。定期的に治療に来るにしても「壊れる前になんとかしたい」って考えるのはだいたい女の人で、男の人は「壊してから来る」んですよ。

**北川**　女性の方が身体とメンタルがリンクしているっていう実感が強い気がしますよ。男の場合はメンタル崩してても「俺の身体は大丈夫」と頑なに思い込もうとするところがある。実際は身体がくたびれてるせいでメンタルがくたびれてたりするんだけど。

## 健康は安静にしていると得られない!?

**若林**　ただ健康ということであれば、わざわざボディワークやらなくても歩いたり走ったりするだけで全然違うよね。

**北川**　生活習慣病の予防法を見ると、だいたい「適度な運動」って書いてあるからね。なんでもいいからとりあえず身体動かすだけで、健康的に大きなメリットがあると思いますよ。でもお医者さんって、何かあるとすぐ「安静にしていなさい」って言うでしょ。あれってどうなの?

**若林**　安静にすると治るものも治らないよ（笑）。

**北川**　絶対そう思うよ。

**若林**　本当に言葉通りベッドにずっと寝てたらすごい筋肉落ちるよ。メンタルも悪化してくるしさ。

**北川**　お年寄りとかだと「血圧高いから安静に」とか言われて、おとなしくしてる人もいるじゃない。

**若林**　それだと頭の働きも鈍っちゃうんですよね。ですから歩くのを勧めます。「腰が痛い」というお年寄りにそう言うと「歩くとさらに痛くなる」って言われるんですが、それって筋肉痛なんですよね。だから続ければ良くなるのに「お医者さんに怒られるから」と言って安静にしちゃう。鬱でもなんでもそう。じっとしてると悪化する。

**北川**　たまにとても虚弱な女性っているじゃない。そういうのは？

**若林**　子供のころから虚弱なタイプというのも多々あるんだけれども、社会的な価値観なんかでそっちにぴたっとハマっちゃうというのがあるね。

**北川**　社会的な？

**若林**　小さい頃から蝶よ花よじゃないけれど、女子らしくしなさいということで走らせなかったり、食べることに罪悪感をもたせたりといったことが、いつの間にかに行われていたりして。そういう人は「食べている」といっても全然食べてないし、そうしているうちに消化器の働きが弱って本当に食べられなくなって体力もどんどん失われていってしまう。そういう人は少しずつ食べさせて、日光に当てて、身体を動かしていくだけで体力がついていくんだけどもね。

**北川**　普通に動いて普通に食べる。そう言うと「もっとスゴイことないんですか?」って顔されるんだけど、実はそれってスゴイことなんですよね。

## 真ん中をいく

**北川**　ボディワークってざっくりと2系統に別けられるように思うんです。一つは身体能力を強化したり加速したりしていく方で、もう一方はニュートラルな状態に戻していく方。システマは後者だと思うんですよね。だから「回復」が重視される。先日もヴラディミアがスイスのセミナーで「システマをやると普通のヨーロッパ人になるんだ」って言ってたくらいだし（笑）。だから体力に関しても、どれだけ普通の状態を長持ちさせられるか、ということになる。東洋医学だとその辺りどうなの?

**若林**　それこそ中道。中道、中庸を通れるようになるのが養生なんで。何かあった時にガッと上げられるのも、真ん中にいるから。パフォーマンスが下がっているとそれ

［本文238頁に続く］

# システマ・ボディワーク

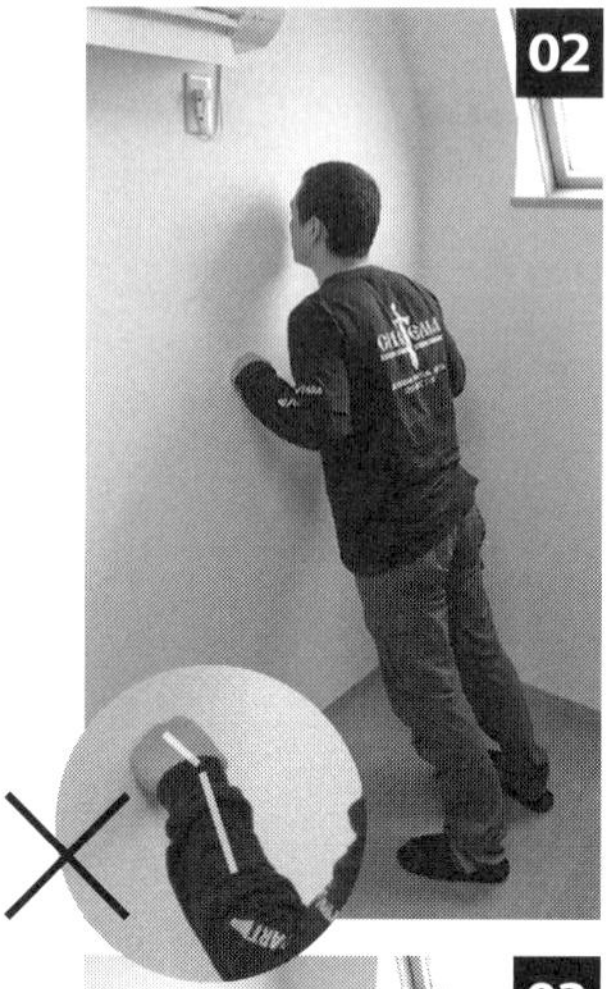

システマで行われる四大エクササイズ（プッシュアップ・スクワット・シットアップ・レッグレイズ）は、「筋力トレーニング」の意識で行うのではなく、ボディワークとして「呼吸・リラックス・姿勢・動き続ける」というシステマの四原則の下に、動作と身体の状態を見直していく。地面での腕立てでは負荷が強いようなら、左列写真のように壁を使って行っても構わない。力を込めて固まってしまわないよう、呼吸をしながら、曲げ伸ばす。壁から身体を通って床に繋がる力のアーチを感じるようにして、全身が自然とまとまると手に掛かった負荷は足にすっきりと抜けていく（①②）。そのためにも手首は曲げないようにするのがポイント。慣れてきたら手を置く位置を変えてみたり、足を離していったり、片足で行ってみたり、様々な状態を体感していく（③）。

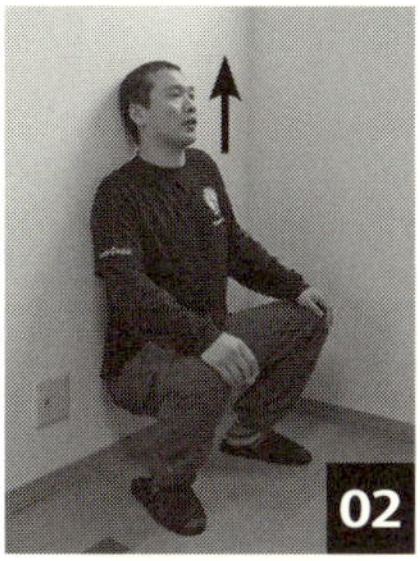


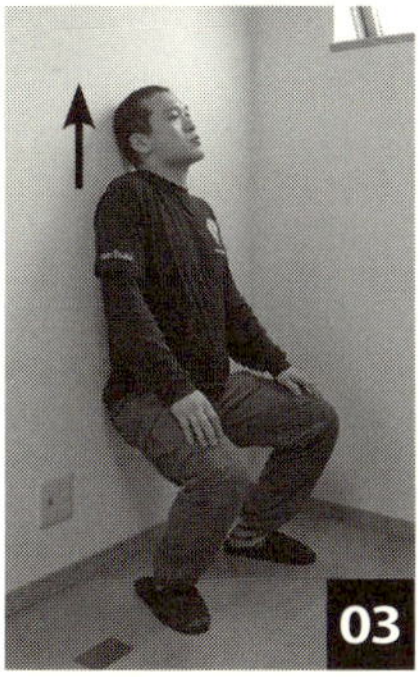


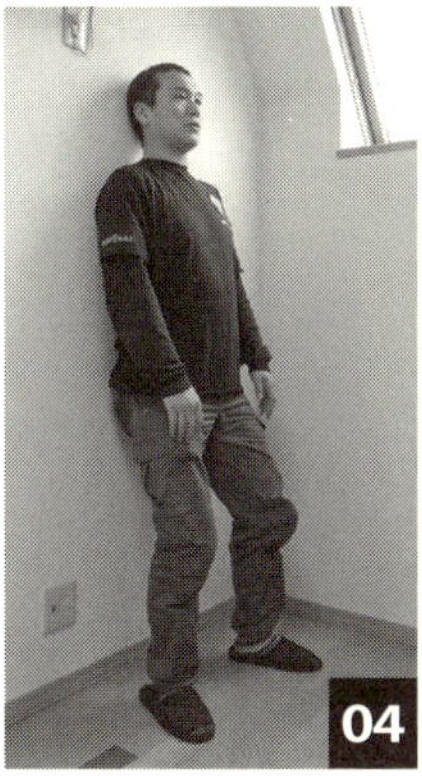


背骨が丸まってしまう人には、鼠蹊部がきちんと折れていない人が多い。そのような人には壁を使ったスクワットがおすすめ。仙骨を壁につけていると、股関節・膝・くるぶしを曲げざるを得なくなり（①）、結果、脚部が自然と柔らかくなっていく。後頭骨から仙骨までをぴたっと壁につけたまま、左右順々に摺り上がっていく（②〜④）。

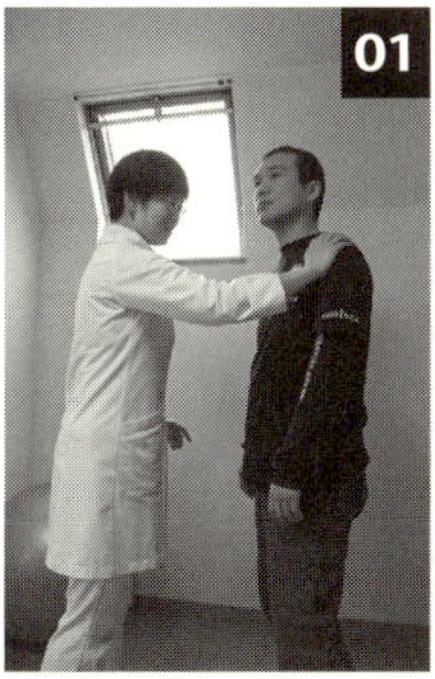


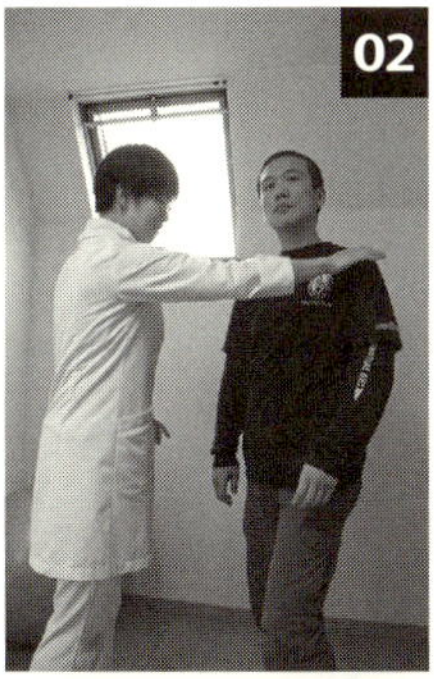


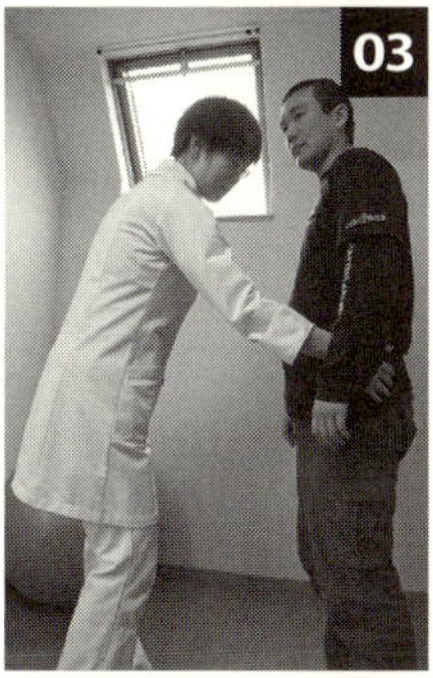


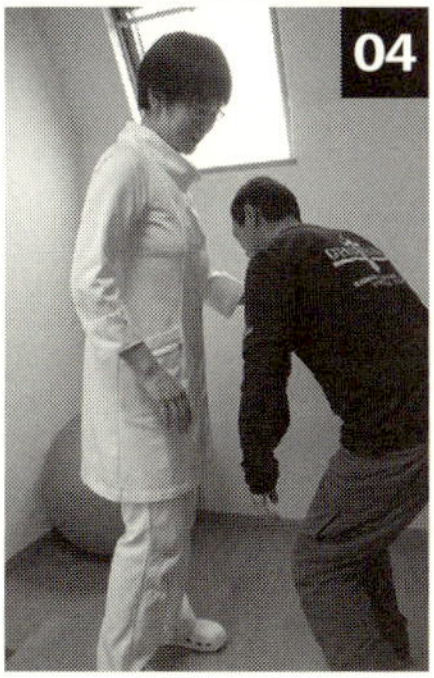


パートナーの身体に緊張している箇所を見つけて圧力をかけていくワーク。圧力をかけられた方は受動的に受け流していく。リラックスというとだらっとした状態ととらえてしまいがちだが、それだと脱力を支える別の箇所の緊張が生まれてしまう。目指すべきは無駄な力が全身に均質に入っていない状態である。

ができないんですよね。でも上がりすぎるとまた狂っちゃうから、だいたい真ん中を保つようにする。

――健康というと「すごい良い状態」みたいな感じがありますよね。

**若林**　そうそう。みんな健康というと100%を突破して世界が輝いて見えるようなイメージがあるらしいんですが、そうじゃないんですよ。6、7割で平常運転して、必要な時に10割出せるという。でも真ん中がどこにあるか分からないから、戻りようがなかったりして。振り切るほど全力になったかと思うと、完全にスイッチオフになっちゃう人がいますね。オンかオフしかなくて、中間のグラデーションが一切なくなってしまっているような。それが基本じゃ身体壊しますよね。そもそも日常生活って5割くらいでずっと続いていくものでしょう。でもそれだとなんだかつまんなくて一時的な達成感を求めちゃうんだろうな。

――一生生きるということ自体にプレッシャーを感じてしまうというか、当たり前なんですけれどもね。

**若林**　うちの父が車好きでフェラーリやロータスエリーゼとか持ってたんですけれども、下道走ってるとエンスト起こすんですよ。

**北川**　ゴー・ストップを想定していない？

**若林**　駄目なのよ。走りっぱなしじゃないと。走っている時は良いんだけれども、一時停止してアイドリングしていると壊れる。そういう人っているよね（笑）。それでうちの父が最終的に行き着いたのがホンダだった。サスペンションがちゃんと利くし、シートの座り心地も良いし、何よりちゃんと止まるし、故障しないからって（笑）。

**北川**　普通に走って普通に止まると（笑）。

**若林**　ボディワークが目指すところってそこだろうって思うけどね。

# おわりに

ストライクもナイフも出てこない、システマの技術書。その構想は、システマの本を執筆するようになった当初からありました。なぜならそれこそが、根本的に人を強くする方法であると感じていたからです。

物理的な接触の有無を問わず、人と人がコンタクトした瞬間に、自分がどれだけ健康でいられるか。最終的にモノをいうのは、その一点です。わずかな差であれば、テクニックや生まれ持った体力などで埋めることもできるでしょう。ですがそれが圧倒的なまでに開いてしまうと、「健康な戦士は不健康な戦士を凌駕する」という法則通りのことが起こります。

その最も良い例が、システマの創始者ミカエル・リャブコです。ミカエルのデモンストレーションは、相手が自分から技にかかってしまっているように見えます。これがなぜなのか長らく疑問だったのですが、ミカエルが圧倒的にリラックスしてしまっているからだと考えることで、いろいろ納得できるようになってきました。あまりにリラックスした身体に触れることで、仕掛けた側の身体が戸惑い、自らコントロール下に入ってしまうのです。つまりリラックスしていること、それ自体が最高の武器なのです。

「癒やしを超えた、攻めの呼吸法」。これは、拙著『最強の呼吸法』（マガジンハウス）のオビに書かれたキャッチコピーですが、そのコンセプトは本書にも引き継がれています。ですから、「癒やしを超えた、攻めのボディワーク」と言い換えても良いと思います。

こうした武器となり得るほどの健康を、そのわずかな欠片でも多くの人々にシェアすること。それが、インストラクターとしての私の活動意義だと考えています。

クラスに通う人達からは、システマのトレーニングによって長年悩んでいた心身の不調が改善したという話をしばしば聞きます。２０１４年に行われたミカエルのセミナーに参加された方であれば、車椅子で来場した参加者が、ミカエルの独自メニューによって、その場で立ち上がり、歩いたのを目撃されたことでしょう。

ですがこうした癒やしの効果を、あまり強調する気にはなりません。それもまたシステマの一部に過ぎないこともありますが、より大切なのは癒やした身体で何をするか、という点にあるからです。日常で疲弊した身体と心を癒やすだけでは不十分です。その身体でより前向きに困難を乗り越えていく、「攻め」ができて初めて、システマが日常に役立ったと言えると思うからです。

なるべく私見を交えずに執筆しているつもりですが、あくまでも本書で書かれていることは筆者の視点からみたシステマに過ぎません。そのため筆者の理解レベルや価値観、文章力など多くのバイアスがかかってしまっていることは否めません。その点については切にご理解を乞う次第です。

疑問点があれば、創始者ミカエルやヴラディミアといったマスターに直接尋ねることをお勧めします。幸いにして二人とも日本を愛し、度々来日してくれています。システマを深く理解するなら、彼らに会わない手はありません。それが難しければ、ぜひ公認インストラクターのクラスに参加し、実際にシステマを体験してみると良いでしょう。本書が、皆さんにとって強張りや恐怖心に束縛されることのない、「普通の人」になる第一歩となれば幸いです。

# おわりに
SYSTEMA BODYWORK

末筆ながら次の方々に謝辞を述べたいと思います。編集の森口敦氏、カメラマンの赤石仁氏、撮影に協力してくださった高橋真理氏、執筆場所を提供してくださった千駄木エスプレッソファクトリーの鳴海裕氏、対談に応じてくださった若林理砂氏、ロシア語翻訳者の福田知代氏、日英通訳でサポートいただいたシステマ大阪の大西亮一氏、システマ修行を支えてくれる家族、トロント本部校長ヴラディミア・ヴァシリエフ氏、ダニール・リャブコ氏、そしてシステマ創始者ミカエル・リャブコ氏。

また、システマの技術書でありながらマーシャルアーツが一切出てこないという異色の企画を実現してくださったＢＡＢジャパンと、最後までお読みくださった皆さんにも心から感謝いたします。

## 著者◎北川貴英　Takahide Kitagawa

システマ東京代表。1975 年生まれ。2008 年にモスクワにてシステマ創始者ミカエル・リャブコより日本人 2 人目の公認インストラクターに認定される。カルチャーセンターなどで年間 400 コマを越すクラスを担当し、親子向けやビジネスパーソン向け、高齢者向けなどの各種特別クラスも実施。今なお、年に複数回の海外渡航を通じてシステマを学び続けている。著書に『システマ入門』（BAB ジャパン）、『最強の呼吸法 — システマ・ブリージング』『最強のリラックス — システマ・リラクゼーション』（共にマガジンハウス）、『逆境に強い心のつくり方』（PHP 文庫）、『システマ・ストライク』（日貿出版社）など。

◎システマ東京ウェブサイト
http://www.systematokyo.com/

写真撮影 ● 赤石仁
写真モデル ● 高橋真理、渡辺文、北川貴英
イラスト ● 月山きらら
本文レイアウト ● 戸塚雪子
装丁デザイン ● 渡辺文、中野岳人

# システマ・ボディワーク

## 自然で快適に動き、【本来の力】を最大に発揮する！

2015 年 7 月 25 日　初版第 1 刷発行
2022 年 2 月 10 日　初版第 2 刷発行

著　者　　北川貴英
発行者　　東口敏郎
発行所　　株式会社 BAB ジャパン
〒 151-0073 東京都渋谷区笹塚 1-30-11 中村ビル
TEL　03-3469-0135　　FAX　03-3469-0162
URL　http://www.bab.co.jp/
E-mail　shop@bab.co.jp
郵便振替 00140-7-116767
印刷・製本　株式会社暁印刷

ISBN978-4-86220-919-1 C2075

## DVD Collection

DVD　システマ教則マニュアル①

### ロシア最強の格闘術

「システマ」は、学ぶ者を選ばない斬新、かつ、ユニークな護身術・健康法は、いかなる状況下でも心身をよりリラックスさせ、身体の動きをより自然なものにし、自己の能力を最大限に引き出します。
指導 / 監修◎アンドリュー・セファイ
●112分　●本体 5,000 円+税

DVD　システマ教則マニュアル②

### ナイフ&ストライク

そのスタイルは自然で自由。道徳的な制約を除けば厳密なルールを持たない。全ての戦術が本能的な反応や、個人の特徴に基づくものであり、より速く習得できるように考えられている。型の存在しない驚異の格闘術「システマ」
指導 / 監修◎マックス・フランツ
● 128 分　●本体 5,000 円+税

DVD　システマ教則マニュアル③

### フォームが生む最適の力

「フォーム一心身の状態」を主題にした特別セミナーを紹介。高度なマッスル・ワーク、身体の動きと力の源となるものの理解、精神状態の調節を通して、”呼吸が通った良い心身の状態” をより深く学んでいきます。
指導 / 監修◎ヴラディミア・ザイコフスキー　●134分　●本体5,000円+税

DVD　システマ教則マニュアル④

### 武器の理解と動きの内側

「ナイフと近距離戦」を主題にしたスペシャル・クラスを丁寧に収録。武器の持つ性質の理解、危機回避の考え方、近接状態における身体の使い方 / エスケープ法などを通し、より実践的な心身の解放と状況に沿った動きを解説。
指導 / 監修◎セルゲイ・オジョレリフ
●95分　●本体 5,000 円+税

DVD　システマ教則マニュアル⑤

### 内側の動きから身体の動きを作る

D・リャブコ師による「システマの基礎」を主題にした特別セミナーを紹介。接触を保った距離感、自己のコントロール、相手のコントロールなどを通し、システマならではの練習の味わい方を学んでいきます。
指導 / 監修◎ダニール・リャブコ　●191 分　●本体 5,000 円+税

DVD　システマ教則マニュアル⑥

### 止まらずに動き続ける

A・ダッベルボア師による「止まらずに動く」。自らが作り出す形 / 方向 / 力を正確に感じ取ることを主題にした特別セミナーを丁寧に収録。システマならではの「途切れることのない動き」を学んでいきます。
指導 / 監修◎アレン・ダッベルボア
●191分　●本体 5,000 円+税

DVD　システマ教則マニュアル⑦

### 動きの可能性を広げる

「動きの可能性を広げる」—身体各部の動き / 接触から身体そのもので動くことを主題にした特別セミナーを丁寧に収録。「正確な接触」「全身のコネクト」などを通し、「自己 / 相手との繋がりがある動き」を学んでいきます。
指導 / 監修◎アレン・ダッベルボア
●106分　●本体 5,000 円+税

DVD　システマ教則マニュアル⑧

### ショートワーク

状況を感じシンプルに動く

M・フランツ師による「状況を感じシンプルに動く」ことを主 題にした特別セミナーを丁寧に収録。「力みを取り去る / 動かす」「拳で相手を捉える 」などを通し、「身体そのものが快適さを求めて動く状態 」を学んでいきます。
指導 / 監修◎マックス・フランツ　●197分　●本体 5,000 円+税

DVD　システマ教則マニュアル⑨

### 動きの原動力

バランスを捉えて動かす

「動きの原動力――インターナルワーク」を主題にした特別セミナーを丁寧に収録。「内側の捉え方」「バランスの一部になる」「バランスを動かす」などを通し、「動きの源となるもの」の理解とその使い方を学んでいきます。
指導 / 監修◎ダニール・リャブコ
●113分　●本体 5,000 円+税

DVD　システマ YOUNG MASTER ダニール・リャブコ

### 進化するシステマ

「ニュ ースクール――システマの原点を再確認する学び」を主題にした特別東京セミナーを丁寧に収録。「相手のバランスを感じる」「力を循環させる」などを通し、「より深く、目に見えない領域」への理解とその使い方を学習。
指導 / 監修◎ダニール・リャブコ
●141分　●本体5,000円+税